この子は
この子のままでいい
と
思える本

児童精神科医
佐々木正美

主婦の友社

はじめに

ママ向けのファッション・生活雑誌『Ｃｏｍｏ』で、「子育て悩み相談」の連載が始まったのは２００４年のことでした。以来、２０１７年に同誌が休刊するまで、この連載はママたちの心を支える読み物として愛され続けました。

その回答者が、この本の著者である佐々木正美先生です。児童精神科医として長く臨床の現場で多くの子どもと親をみてこられた一方で、保育所、幼稚園、小学校、児童相談所、児童養護施設、家庭裁判所、保健所、母子生活支援施設、少年院にも足を運び、けっして幸せとはいえない子どもやその親とも接し、話を聞き続けてきた医師です。

人間関係が失われ、孤独な親が増えたこの時代に、幸せな親子を増やしていこうと、30年以上にわたり日本各地の保育士との勉強会をおこない、全国での講習会、講演会をして回りました。自閉症の子どものための療育プログラム「ＴＥＡＣＣＨ《ティーチ》」の普及にも力を尽くし、朝日社会福祉賞など数多くの賞を受賞しています。

佐々木先生は2017年に逝去されましたが、そのメッセージはいまも多くのママたちに支持され、SNSでも広がりをみせています。

子どもの数は減少の一途をたどり、虐待のニュースが途切れることのない今日だからこそ、もっと多くの人に佐々木先生の思いを届けたいと、ご家族の許可を得て、この本を出版させていただきました。子育て真っ最中の（佐々木先生に言わせれば「最高に幸せな」）人だけでなく、子どもの有無にかかわらず、すべての世代に読んでほしい一冊です。

2020年6月

主婦の友社子育て班

目次

第1章

第2章

第3章 親子バトルから抜け出したい

第4章

子どもを伸ばす親になるには？

第5章

思春期になる前に

第6章

子どもを幸せにするのなんて
とても簡単なことですよ。
親が笑顔なら
それだけで子どもは幸せなのです。
自分が親を幸せにしたと思って
自信たっぷりに育っていくのです。

佐々木正美

第1章

「お母さん」が重い

親になって数年の人が
子育てじょうずなはずが
ありません。
誰もが未熟なままで
未熟な子どもを
堂々と育てていけばよいのです。

「安心して子育てできる国」に蔓延《まんえん》する不安感

1980年代の終わりのことだったと思います。アメリカのワシントンDCで開かれた、自閉症協会の総会に招かれたことがありました。そのときわたしは、アメリカの政府高官の方にこんなことを言われました。

「日本はたいへん豊かな国になりましたね」と。確かに当時の日本はバブル景気のさなかで、日本人はその豊かさを謳歌《おうか》していました。続けて彼はこう言いました。

「日本はとても平和な国です」と。確かにアジアでは数少ない、徴兵制度のない国です。さらに彼はこう言いました。

「自由で、平等な国です」と。自由や平等については人によって考え方が違うと思いますが、戦中に子ども時代を過ごしたわたしにとっては、心からうなずく言葉でした。

しかし彼は、こうつけ加えることを忘れませんでした。「豊かで平和で自由で平等。4つの宝を手に入れてしまった日本は、この先、何を目標にしていくのでしょう」

この問いは、いまなお、わたしの心から消えることはありません。4つの宝を手にして、日本人は過去の時代より幸福になれたのであろうかと、わたしはことあるごとに自分に問いかけているのです。

わたしは、お母さん向けの雑誌『Ｃｏｍｏ』（主婦の友社／２０１７年休刊）で長きにわたり悩み相談をさせていただいていますが、不安を感じながら子育てをされているお母さんが非常に多いことに驚かされます。実際、１００人ほどの方にお送りしたアンケートでは、９割近くが「子育てに不安を感じることがある」と回答しています。

「誰だってお母さんになれる。だからわたしだって大丈夫」

子育てに不安を感じるお母さんたちの声を聞きながら、わたしは考えました。このお母さんたちは、子どもがいなければ安心して堂々と生きていられたのだろうか、と。

いいえ、そうではないでしょう。もしも子どもがいなければ、夫や親など家族や友人との関係、職場での人間関係、自分の将来など、別のことに不安を感じるのではないでしょうか。子育てに不安を感じている人は、子どもに不安を感じているのではなく、自分に対して不安があるのです。

それはなにも、読者のお母さんたちに限ったことではありません。現代の日本の精神医学会の臨床上の二大テーマは、うつ病と不安障害なのだそうです。豊かさも平和も自由も平等も手にした国であるはずなのに、年間3万人を超える自殺者を出しています（※編集部注・2009年ごろの状況。2019年は約2万人）。こんなにも多くの人が死を選ぶ国になってしまったのです。

わたしは昭和10年に生まれました。日本が貧しく、平和でもなく、今日食べるものも明日着るものもなかった時代を知っています。差別や不自由もたくさんあった時代でした。でも、あのころの親がいまのように子育てに不安を感じていたでしょうか。

いつの時代でも、お母さんになったばかりの人が子育てじょうずだった試しなどありません。それでも人は大昔から、赤ちゃんを産んだらお母さんになっていたのです。わたしの家内もそんな人です。「犬でも猫でも子育てしているんですから、わたしにだってできるでしょう」と、そんなふうに子育てをしていたと思います。

このような自信や安心感はどこからくるのでしょう。おそらくは自身の生い立ちの中で、近所の子どもたちが大人になっていく姿を見て「あんなにやんちゃな子でも立派に成長するのだ」と感心したり、近所で助け合いながら生活する姿を見て「何かあったら自分も誰かに支えてもらえる」と安心できたりした経験があるからではないでしょうか。多くの実例を目にしてきたことで、「なんとかなる」と思えるのです。

子育ての自信は、親子関係の中だけでは生まれない

現代人に足りないのは、そのような安心感だと思います。人はみな未熟なのだから、頼り頼られ、迷惑をかけ合いながら成長していけばいいのだと、そういう気持ちが不足しているのですね。わたしも迷惑をかけませんからあなたも迷惑をかけないでくださいね、自己責任でいきましょうと……そういう社会の中では、子どもや障害者、高齢者などはどんどん生きにくくなってしまいます。子育てしている人にとっても同じことです。

ハリー・スタック・サリヴァンという、アメリカの精神科医をご存じでしょうか。20世紀前半に、現代精神医学の礎を築いたこの方はこう言いました。「心を病む人のほとんどすべてが、人間関係の障害をもつ。だから精神医療の究極の目的は、その人の人間関係を修復することだ。精神医学は、人間関係論なのだ」と。まさにそのとおりです。

親子関係もまた、人間関係の一つです。子育てに不安を抱えている人というのは、子どもとの関係に不安を抱えているということです。その関係は非常に閉じられた狭い関係

で、ここだけでかかわりを変えようと思っても、なかなかうまくいかないものなのです。

　子育てに行き詰まりを感じたら、信頼できる大人との関係を増やすことが必要です。ご主人と楽しい時間を過ごしたり、気の合う友人とおしゃべりしたり、子育てサークルなどに参加したり、園や学校での活動に加わってみることをおすすめします。人間関係の「質」に悩んでいるときには、人間関係の「量」を増やすのが一番なのです。頼り頼られる人間関係が増えていくと、それが直接的に子育てに関係がなかったとしても「わたしはわたしのままでいい」「この子もこの子のままでいい」という気持ちが育っていくのだと思います。

　豊かでも平和でもない時代、人々は助け合わないと生きられませんでした。だから人間関係の「量」だけは十分にあったのです。頼る人がいる安心感、頼ってもらうことの自信、それが親の不安をとり除き、子どもをのびのびさせていたのではないでしょうか。

　ドイツの社会心理学者エーリッヒ・フロムは「人間はみな、不完全で未熟なまま死んでいく」という言葉を残しています。わたしたちはみな未熟なのです。だからこそ、安心できる人間関係が必要です。「豊かで平和で自由で平等」な社会を手に入れたわたしたちが、人間関係を失ってしまうのはあまりに惜しいことだと思います。

思いどおりにならない人生を楽しみましょう

現代の日本人は、自分の人生を計画的に思いどおりにコントロールしよう、という思いも強いですね。「豊かで平和で自由で平等」という土台ができあがった国では、その上にどんな人生をデザインして生きるのかが、重要なテーマになるのでしょう。

悩み相談には、「2人目、3人目を産むべきか」「仕事に復帰すべきか」という相談内容が少なくありません。そしてその選択をした場合、選ばなかった人生に対して後悔しないか、選んだ人生がうまくいかなかったときにどうすればいいのか、枝分かれしていくように不安がつづられています。

最良の選択をして、目標に向かって努力する。それがいい人生だと、それが幸せなのだと、多くの人は考えています。悪いことではありません。でもその結果、理想と現実が違ったとき「人生は失敗だった」と思うのでしょうか。だとすれば人生は不安だらけです。

大昔のことで恐縮ですが、わたし自身の話を少しだけさせてください。わたしが高校を卒業したとき、日本はまだ戦後の貧しさを引きずっていました。大学に進学したくても、わが家にそんなお金などありません。わたしは東京に出て信用金庫で働き、お金が貯まったら大学に進学しようと考えました。といっても「何がなんでも」と思ったわけでもなく、「お金が貯まらなかったらどうしよう」とも考えませんでした。信用金庫の仕事はあまり得意ではなく、役に立つ社員ではなかったと思いますが、職場の人に支えられて6年近く働き、お金が貯まったので大学の医学部に進学しました。大学では「学費滞納者」として名前がよく張り出されましたが、なんとか卒業することができました。

結果として、児童精神科医という仕事を得ることができましたが、もしもそうではなかったとしても、自分の人生が不幸だったとは思えません。信用金庫で得られた人間関係がわたしの人生のかけがえのない財産になったように、それ以外の場所でもいろんな出会いがあっただろうと思うのです。

予定どおり、時間どおり、スケジュールどおり。人生なかなかそうはいきません。小さな子どもがいればなおさらです。それでも「まあ、いいか」と思いながら、ずれていく時間を楽しんでみてはいかがでしょうか。人生を限定してしまわないでください。自分の与えられた運命を受け入れて、その中で誠実に生きていけば、最終的には「これでよかったんだ」と思える人生になるのではないでしょうか。

理想の子育てにほど遠い現実。こんなママでごめんね

（4才男の子・2才女の子の母）

結婚当初から「子どもは2人」が希望でした。願ったとおり、結婚3年目に待望の妊娠。長男を出産して母乳で育て、卒乳したらすぐに下の子がおなかにきてくれました。「なんて幸せなんだろう。こんなに恵まれていていいの?」。そんな幸福感に包まれていたのも、いまでは遠い昔の話です。

乳幼児2人の育児は想像以上にたいへんで、穏やかだった長男はイヤイヤ期に入り、赤ちゃん返りもしています。長女はカンが強く、赤ちゃんのころは1時間泣きやまないこともザラでした。

子どもが4才と2才になった現在、わたしはいつもイライラしています。マイペースな長男を「早く早く」と急かし、イヤイヤ盛りの長女には「ダメ!ダメ!」を連発。ふと我に返って「ダメなのは自分だ」と落ち込み、「こんなママでごめんね」と自信がなくなります。幸せいっぱいだったころの気持ちを、どうやってとり戻したらいいのでしょうか。

どんな仕事だって、初心者はへたなものです。親が最初に身につけたい力があるとすれば子どもを「待つ」力かもしれません

ダメなママだと落ち込む必要はありません

上のお子さんが赤ちゃんのころは、とても穏やかでゆったりとした時間を、おそらく過ごされていたのでしょう。でも、子どもはいつまでも赤ちゃんでいてはくれません。自己主張をしたり、ワガママを言ったりするようになります。そんな姿を見て、「自分は子育てがへただ」「ダメなママだ」と落ち込むお母さんは少なくないと思います。

でも、お母さんになってたったの4年です。まだまだ初心者です。へたで当然です。赤ちゃんのころにうまくいっていたのは、たまたま運がよかったくらいにとらえましょう。

ただ、どんな仕事でも「これだけは最初に覚えておくといいですよ」というものがあると思います。親の仕事でいえば、「待つ」ことでしょうか。子どもというものは、いくら「早く早く」と急かしたところで、多少も早くはならないものです。このお子さんもそうなのではありませんか?

そもそも、「早く」や「いいかげんにしなさい」は、具体性のない言葉なので子どもには伝わりにくいのです。「ダメ」もそうですね。ダメと言われても、どうすればいいのかはわからないものです。

それよりも、穏やかに「○○したらいいんだよ」と、何をすればいいのかを教えてあげてください。「早く」ではなく、「ズボンがはけたね。じゃ、次は上着を着よう」と。そのような時間の余裕がないのであれば、お母さんが手伝ってあげていいのです。

もっと言えば、少し早く起きるのがいいと思います。起きられないなら早く寝るといいのです。厳しいようですが、「早く」するのは、まず大人です。

いつも「早く早く」と言われて育つと、子どもは聞き流すようになるものです。最初はお母さんが怖くて急ぐふりくらいはするでしょうけれど、そのうち慣れてしまいますし、反抗するようになるかもしれません。

あとは、「少しも急がなくていい時間」をつくってあげるといいですね。たとえば、おふろにゆっくり入るのがいいと思います。髪や体を洗うのなんて、サボってもいいんです。水鉄砲とかね、おふろにおもちゃを持ち込んで遊びましょう。眠る前に、子どもの気がすむまで絵本を読んであげるのでもいいと思います。そんなゆったりとした時間があると、昼間のあわただしさで失ったものを少しとり戻すことができるかもしれませんよ。

とくに上の子は、ママをひとり占めにする特別な時間が必要です。下の子がお昼寝したあとに、上の子に絵本をゆったり読むというのもいいですよ。小さなおやつなんかを用意すると喜びますね。

お母さんがわが子を「かわいいなぁ」「いい子だなぁ」と感じるのは、このようにくつろいだ、ゆったりとした時間の中なのです。

しからないで育てると、子ども以上にお母さん自身がラクになります

下のお子さんは、カンが強く、泣きだすと止まらないのですね。そういう子は、ひざの

上に乗せて、やさしく抱きしめてあげるといいですよ。「ママの大好きな○○ちゃんだからね。だーい好きな○○ちゃんだからね」と言いながら、落ち着くまでずっと抱っこしてあげるのです。「だから○○してね」は言わないのです。まだ2才ですから、お母さんの腕の中にすっぽり入るでしょう。穏やかに落ち着くまで、声をかけてあげてください。

しかりすぎだと思うのであれば、「しからないで子育てする」と、自分に言い聞かせることも大切です。ご主人と話し合って、「できるだけしからないで育てよう」と確認することも必要です。言って聞かせることはいいのですが、厳しくしからないのです。それでも、しかってしまうことはありますが、「次はしからない」と思うのです。

ヨーロッパの心理学者がこんなことを言っています。「しかるというのは、そのつど子どもの人格を否定することである。取り返しのつかないものもあり、それを積もらせてしまうこともある」。さらに「子どもをしかることで、プラスになることはない」と、そんなことも言っていました。

しかる時間が減ると、おそらくいまよりもっともっと、子育てしやすくなると思いますよ。信じられないかもしれませんが、本当です。ぜひ試してみてください。

きょうだいを平等に愛することができますか？

（3才男の子の母／妊娠7カ月）

現在、妊娠7カ月です。3才になる息子とおなかの子ども、平等に愛情を与えられるか心配です。なぜそう思うのかというと、わたしの幼いころの記憶のせいです。母に「おまえが女の子だったから、みんながっかりした」と聞かされました。弟が生まれたとき、父はとても喜んだそうです。子どものころ、毎晩、わたしは小さくなって、自分と弟はどうしてこんなに違うんだろうと思っていました。

祖父母はわたしをかわいがってくれましたが、子ども心に「おじいちゃんたちだって、弟がいればそれでいいと思っている……」という考えが頭を離れませんでした。

父はわたしに対してやさしい言葉の一つもかけてくれませんし、妊娠中のわたしのそばでタバコを吸うような人です。母はわたしに対して「言いたいことは何を言ってもいい」と思っているようで、心ない言葉の数々に傷つけられてきました。夫はわたしの親の態度に気がついていて、「おまえは親にかわいがってもらってへんのやろ？」と意地悪なことを言います。

こんなわたしが2人目を産んで、どちらかにわたしのような思いをさせてしまったら……と不安でたまりません。わたしのように自分を肯定できない人間には育ってほしくないのです。

決意しましょう。親から言われたかった言葉を子どもに伝えられるのはあなたです

運命とは不公平なものです。それでも前に進むことはできるのです

最近、同じような悩みをもつ方が、わたしのところに相談に来られました。40代の女性なのですが、「いちばんかわいがられたのは姉で、次は妹で、わたしは少しもかわいがってもらった記憶がありません」と言うのです。実際に親がかわいがっていなかったかどうかはわかりません。けれど、わが子にそう感じさせてしまう親は、確かにいます。

この女性はこうも言っていました。「自分を大切にできる人は、親から大切にされた人です。自分を大切だと思うから友人を大切にできる。わたしにはそれができない」と。

わたしはこんなことを話しました。「人にはそれぞれ、持って生まれたものがあります。容姿、体型、健康状態、経済的な豊かさ、もっといえば生まれる国も、平和かどうかも。人はみな千差万別で不公平で、わたしたちは選ぶことができません」

そして「与えられなかったものがたとえどんなに大きいとしても、そこに心を奪われているばかりでは、前に進むことができません。大切なことは、恵まれなかったものを自分でどう補っていくのかなのです」と。

どんなに望んだとしても、この女性のご両親は、幼いころに不足したものをいまさら与えてくれることはないでしょう。けれど、かわりにいま、別の人から与えてもらうことはできるのです。親が子に与えるような無条件の愛情ではありませんが、自分が何かを与えることによって、相手から何かを与えてもらい、心が満たされることはできるのです。

この女性に、わたしは言いました。「自分の得意なことで、人と交わってください。手芸が好きなら手芸を、歌が好きならコーラスを、山歩きのサークルや料理教室でもいいでしょう。そういった会に参加なさって、人との交わりを深めましょう。その中で誰かの役に立ったり、感謝されたり、何げない言葉を交わしたりする経験を積み重ねていくことで、きっと満たされていきますよ。最初は気をつかってしまい、『ひとりでいるほうがよかった』と思うこともあるかもしれません。けれどそれは、相手からも気づかわれているということです。時間がたつにつれ、そのあたたかみがわかってきます。人間は人間関係を通してしか、人間関係の不足を解決できません。そういうものなのです」と。

両親とは距離をおいてかまいません。けれどいつか、わかり合えるといいですね

さて、今回のご相談者にも、わたしは同じようなことを伝えたいと思います。もうすぐ赤ちゃんが生まれるということなので、育児サークルなどに参加してはいかがでしょう。自治体が主催する育児講座や「親子ひろば」のような場は、おそらくいろいろあると思います。そういう場で打ち解けられる人を見つけることができるのではないでしょうか。

文面を見る限り、この方が望むようなやさしさや愛情を、ご主人は与えてくださらないようです。であればなおさら、まずは「わたしが相手に喜びを与えるのだ」と思ってください。わが子に対しても同じです。相手に喜びを与えるうちに、いつかもっと大きな喜びが自分のところに返ってくるのです。特別なことはいりません。そうですね、家族の好き

な食事を用意するのが手っとり早いでしょう。高価な食材やぜいたくなメニューという意味ではなく、「あなたの好きな〇〇を作ったよ」と。それがいいのです。すぐに成果は出ないかもしれませんが、何週間も何カ月も何年もかかっていい方向に向かうものだと思ってください。昨日より今日、今日より明日という気持ちで続けていけば、あるとき穏やかな心をとり戻していることに気がつくでしょう。

そしていまは、「子どもが2人になると平等に愛せないなんて、そんなことはないのだ」と決意しましょう。あなたとご両親は違うのです。しっかりと思うのです。そしてあなた自身が親に言ってほしかった言葉を、してほしかったことを思い出すのです。それを2人の子どもに言って、してあげてください。きっとできると思います。

ご両親とは無理につきあう必要はありません。距離をおくのもいい方法です。ただいつか、「彼らもきっと哀れな育ちだったのだ」と思ってあげられるといいですね。急がなくていいのです。亡くなったあとに思えるようになったとしても、それは立派なことだと、わたしは思います。

仕事に復帰するかしないかを迷っています

（小1男の子・3才女の子の母）

わたしは看護師という仕事をもっています。長男の出産後も6カ月で復職し、長女の出産前まで勤務していました。その後、長女の出産を機に専業主婦となり、いつかは仕事に戻りたいと思いつつ現在に至ります。

わたしの両親は共働きでした。小学生のときは「カギっ子」で、運動会や学校公開に母が来てくれたことはありません。休日もいっしょに過ごせないことが多くて寂しい思いをしたため、子どもとふれ合う時間が多い現在の生活にそれなりの意義を感じています。同時に、仕事のブランクが長くなると復帰できないのでは？というあせりもあります。

子どもたちのために、このまま専業主婦でいたほうがいいのか悩んでいます。また、仕事に復帰するとすれば、どんなタイミングがいいのでしょうか。

専業主婦でいるのも、看護師に戻るのもお母さん自身の決断です。「子どものせい」にだけはしないことです

どちらかを選んだとしても再選択のチャンスは必ず来ます

とても難しいご相談だと思います。十人いたら十通りの回答があるでしょうし、仕事と子育てが両立させられるのか、子育てに専念したほうが自分らしくいられるのかは、本当に人それぞれだからです。ですから「ご自分で決めるしかありません」と言うしかないのですが、それだけでは何の役にも立ちませんので、わが家の例をお話ししたいと思います。

わたしの家内は私立小学校の音楽教諭で、その仕事にとてもやりがいをもっていました。わたしがカナダに留学するときにいったん仕事を辞めたのですが、2年以内であれば

復職できることになっていました。しかし帰国したとき、家内のおなかには長男が宿っていました。家内は復職せず、専業主婦になる道を選びました。そのときにわたしは、一つだけ家内に確認しました。それは「本当は音楽教諭の仕事に戻りたかったけれど、この子のためにあきらめた、なんて言われたら、子どもがたまらない気持ちになるよ。そのようなことはないね」ということです。もしもこの方が専業主婦を続けるのであれば、同じ言葉を自分に問いかけてみてください。子どもに責任を負わせるような選択だけは、どうぞしないでください。

家内は子どもが成長したあとで、障害者の音楽療法のボランティアを始め、再び音楽の仕事に戻りました。同じ職場の同じような仕事に戻ったわけではありませんが、やりがいを感じていることは伝わってきます。このような人生もあります。

子どもを預けて働くことを選択する場合にも、心がけてほしいことがあります。まず、子どもを預けて働くことに負い目を感じる必要はないということです。子どもに何か悪影響があるとはまったく思いませんし、実際にそのようなこともありません。

それでも気をつけるべきことはあります。わたしは大学病院で非常勤の医師を20年ほど続けましたが、その間、子育てしながら働く女性医師をたくさん見てきました。わたしは彼女たちに、子どもの精神科医という立場からこんなアドバイスをしてきました。

「仕事を終えてお子さんを迎えに行くときに、お医者さんの顔をして帰っちゃいけませんよ。病院を出たら大きく深呼吸して、『わたしはもう医師じゃない、ママなんだ』と気持ちを入れ替えてくださいね」

仕事に復帰したのちは子どもと過ごす時間を第一に考えてください

これは、わたしも実行していたことです。子どもは「お医者さん」ではなく、「ママ」や「パパ」を待っているのです。それは看護師さんでも、学校の先生でも、どんな仕事でも同じです。職場の顔、職場でのストレス、職場のあれこれは、けっして子どものいる場所に持ち込まないことです。いちばんよくないのは、「お母さんは働いて疲れているんだから、あれこれ要求しないで」という気持ちになることです。働くことを選んだのは自分です。そのしわ寄せが子どもにいってはいけません。子どもと接する時間が長ければいいというわけではありませんが、短ければ短いほど、その時間の充実度を重視してください。

子どもを預けた場合、そこのスタッフと親はどうぞ仲よくしてください。預け先が祖父母であっても同じです。不思議なもので、親が預け先の人を信頼していればいるほど、赤ちゃんであっても、その場所でのびのび過ごすことができるのです。

復帰する時期については一人一人違いますから、一般論で言えることではありません。「〇才までは母親の手で育てるべき」などという説もありますが、根拠のないことです。自分で「ああ、そろそろだな」と思うときが来れば、それがベストタイミングなのです。自然につぼみがふくらんで花が咲くように、そのときはきっと来ます。

働き始めることが決まったら、お子さんには説明してあげるといいですね。「ママはお仕事がんばるから、協力してね」と真剣に伝えれば、子どもは幼くても理解します。ママを助けてあげられることを、うれしく思うでしょう。

お子さんに働く姿を見てもらうのも、とてもいいと思います。看護師さんであれば、ご主人や祖父母にお願いして、職場である病院に連れて来てもらうのはいかがでしょう。看護師姿のお母さんを見て、お子さんは誇らしく思うでしょう。わたしも子どものころに、野良《のら》仕事をする父や母の姿を目で追いながら、心から誇らしく思ったものです。子どもとは、そういうものなのです。

娘の体調不良は寂しい思いをさせたせい？

（小2と年少女の子の母）

小2の娘は毎日のように「足が痛い」「おなかが痛い」などと、体のどこかが痛いと訴えてきて、何度も熱をはかったり、手足に湿布を貼ったりしています。実際、月に数回は微熱を出します。学校でもよく保健室に行き、先生に面談で「何かのサインでは？」と言われました。

ふだんから、年少の妹より大きな声で泣くことがあります。宿題などやるべきことがたくさんあると、ギャーギャーと声を出してめんどうくさがるので、わたしもつい大きな声で怒ってしまいます。そのため、娘もよけい怒りっぽくなっているのでしょう。

原因は、わたしの愛情不足によるものではないか、と思っています。娘が幼かった時期にわたしが入退院を繰り返したり、下の子に手がかかることで寂しい思いをさせたりしてきました。

最近は学校や習い事に行きたがらなくなり、このまま不登校になるのではないかと心配です。

愛情は不足していませんが伝わる形になっていないのかもしれません。「もっともっと」と求めています

お子さんの体調不良は「心因《しんいん》反応」。ストレスが体の弱い部分にあらわれるのです

体調不良の原因は、ストレスだと思います。「心因反応」というのですが、苦痛、不安、恐れ、つらさなど、自分では処理しきれないストレスに支配されると、その人の体の弱いところに反応が出てしまうのです。発疹、熱、下痢、便秘など、症状は十人十色です。

これは、「ストレスが大きいから、注意しなさいよ」という体からのサインで、大人にも子どもにも、いろんな程度であらわれるものです。多くの場合、原因は人間関係の中で生じるストレスです。もしかしたら、学校に行きたくない何かがあるのかもしれません。

友人との関係、先生との関係、あるいは何か別のストレスを感じている可能性もあります。

けれどこの方は、「わたしの愛情不足が原因ではないか」と書いています。母親である自分に原因があると考えているのです。愛情があるから、愛情が深いから、そう思うのでしょう。まずは「愛情不足」ということを否定させてください。ただ、あふれる愛情がわが子に届く形になっているかについては、見直してほしいと思います。

この方のお子さんがそうだということではないのですが、友だちと親しく交われない子の中には、愛着関係の土台ができていないことが少なくありません。

「愛着」とは、特定の個人に抱く深い情緒的な結びつきで、ごく一部の例外を除けば、まずお母さんとの関係で築かれるものです。愛着のもとになるのは、「自分はこの人から無条件に愛されている」「この先に何があっても、一生愛される」という信頼感です。

この愛着関係を基盤にしながら、人は少しずつ他者との関係を築いていきます。きょうだい、親戚、友だち、先生、恋人……。しかし、親子の愛着関係を幼いうちにしっかりと築くことができなければ、社会における人間関係の成立が難しくなることもあります。

〝母と子の愛着関係の土台をつくり直す〟すべてはそこから始まります

この方は「幼かった時期に入退院を繰り返した」と書いていらっしゃいます。もしも愛着関係がうまくいっていないのではないかと思い当たるなら、それをつくり直す努力をなさってみてください。お子さんの体調不良は、お母さんに原因があるわけではないと思いますが、お母さんとの関係の中で癒やされて、エネルギーを満タンにすることができれば、学校での人間関係に自分から向き合う力がわいてくるのではないでしょうか。

ぜひやってほしいのは、子どもの話を聞いてあげることです。長時間でなくていいし、忙しければ食事のしたくをしながら聞くのでもいいのです。イライラせず、怒らず、穏やかに、うなずいて聞いてください。それだけでお母さんの愛情は確かに伝わります。そんなふうに話を聞いてくれる人は、世界中にお母さんだけなのですから。

お母さんが聞きたい話を聞くのではありません。妹とケンカしたとか、「お母さんはわたしのことなんてどうでもいいんだ!」とか、そんなことも全部聞くのです。もちろ

ん、要求をすべて聞き入れるという意味ではありません。まちがった意見であれば「そうではないと思うよ」と言っていいのです。ただし、穏やかに言うのです。怒ったり、拒絶したりしてはいけません。激しく泣いて訴えているのは、「普通に言ったのでは聞き入れてもらえない」とお子さんが思っているからでしょう。「怒られない」「ちゃんと受け止めてもらえる」と信じられるようになれば、泣かずに言うようになります。

ギャーギャー泣くときは、抱きしめてあげるといいですね。子どもは暴れて振り払おうとしますが、それができないくらい強く抱きしめるのです。「大好きだよ、大事だよ」と言い、「だから○○してね」は言わないのです。

「足が痛い」と言うならば、痛む部分をやさしくさすってあげてください。お母さんのそばでやすらいだ気持ちになれば、痛いと言う回数は減ってくるかもしれません。

いっぺんにはできないかもしれません。でも、昨日より今日が、今日より明日が、少しでも進歩していればいいのです。ときに後退することがあってもいい。ほんの少しでも、いい方向に進んでいると実感できれば、子どもの目はどんどん輝いていきます。幼いころのことは、気にする必要などありません。子どもは「いま」だけが大事なのです。どうぞ、いますぐに始めてみてください。

第2章

しつけって難しい

花の種に水を与えるように
自律できるまで
繰り返し教え続ける、
それがしつけです。

怖がらせて黙らせることは、正しいしつけでしょうか

先日、「鬼から電話」というスマートフォンのアプリを初めて見ました。みなさんはご存じでしたか？　わたしは驚きました。世の中にこんなものがあるなんて、まったく知りませんでしたから。

電話が鳴ると画面に怖い鬼が映し出されて、「こらぁ！　なんで親の言うことを聞かないんだぁ」と、低く野太い声でしかるのです。わたしでもビクッとしますよ。子どもはさぞ怖がることでしょう。わたしが子どものころには、地獄絵図を見せる人がいました。「言うことを聞かないと地獄に落ちて、こんな目にあうのだ」と子どもたちに教え、言うことを聞かせることが目的です。子どもを怖がらせることがしつけの近道だと考える人は、今も昔もとても多いということなのでしょう。

けれどわたしは、その方法が好きではありません。相手が鬼でも、親でも、先生でも、友だちでも、「恐怖で人を従わせる」ことが正しいとは思えないからです。

子どもが生まれてしばらくの間、親は赤ちゃんの要求を満たすことにエネルギーを注いでいたことと思います。赤ちゃんが泣いたら、抱っこかな？おむつかな？おなかがすいた

のかな？と考え、子どもの要求を受け止めて満たしていたと思います。これはある意味、一方通行のコミュニケーションだったわけです。

2才前後になって、少し歩いたりするようになると「こうしたい」「これはイヤ」という自己主張が出てきます。このころになると、親は子どもに多くのことを教えなくてはいけなくなります。食事のしかた、着替えのしかた、トイレトレーニング、公共の場所では騒がない、走り回らない……など、伝えたいことは山のように出てきます。しかも、親がどんなに熱心に伝えても、簡単にはできるようになりません。何回教えても、次もその次もまたその次も、同じ失敗をするということもよくあることです。「イヤ！」と言うこともよくあります。「なぜ？」と聞いても、答えはだいたいメチャクチャなものです。

育てたいのは、自分で自分を律することができる心

同じ年齢でも、パッとできるようになる子もいます。親の言うことを素直に聞く子もいます。大人はそういう子を「いい子」と思いがちなので、そうではない子をなんとかして「言うことを聞く子」にしたくなってしまうのです。だから大声を出したり、鬼を出した

りするのです。そのほうが手っとり早いですからね。

けれど小さな子どもを育てるときに、手っとり早くすませようとして、うまくいくことはほとんどありません。それは覚えておくといいですね。

確かに子どもは、怖い人の言うことは聞きます。それは「怖くない人の言うことは聞かなくていい」ということでもあります。犯罪者の成育歴をたどると、親が恐怖をともなったしつけをしていたケースがほとんどです。ですから、「しかられなければいい」「バレなければいい」という気持ちが育ち、犯罪行為を引き寄せます。とても不幸なことです。

怖くなくても、しかられなくても、処罰されなくても、自分で判断して、「これは大切なことだからやろう」「これはやらないようにしよう」と思える気持ちを育てたいと思います。そんな自律性、つまり自分で自分を律する（コントロールする）力を育てるには、どうすればいいのでしょうか。それは、親に待ってもらうことから始まるのです。

子どもの自律性は、待ってもらっている間に育つ

しつけをするうえで大事なことは、「できるようになる時期は、子ども自身が決めるの

だ」と親が知っておくことです。よその子と比べてどんなに遅れているように思えても、あせらないでください。

「待つ」ということは、ほったらかしにするということではありません。できるようになるまで、親は何度でも繰り返し教えるのです。穏やかに教えるのです。飽きずに教えるのです。やり方を見せ、いっしょにやり、失敗したら助け、人に迷惑をかけたらいっしょに謝るのです。そうやって時間をかけて、できるようになるのを待つのです。

花の種を植えたときと同じです。毎日水をやり、肥料をやり、雑草を抜きながら芽が出るのを待ちます。「早く芽を出せ！」「まったく遅いんだから……」としかることはしないでしょう？　子どもだって同じです。

そうやって待ってもらっている間に、子どもの心の中に自律性が育ってきます。自律とは、子ども自身が考え、行動して、失敗して、納得した、その先にあるものだからです。そのためには時間が必要です。そして親に信じて見守ってもらった経験は、親に対する揺るぎない信頼感と尊敬となって心の中に根づくのです。

大人に「こうしなさい」と言われて、そのままやっているうちは、自律性は身につきません。要領のいい子は、幼くても親の望むことを察知して動けるかもしれませんね。でもそれは、自分で考えてしている行動ではありません。大人に言われてもできない子も、要領よくできる子も、自律性が育っていない点においては同じなのです。早くできるようになる子は、たまたまその年齢にしてはできるというだけで、それ以外の意味をもたないということも、知っておくといいですね。見せかけの「できた」に惑わされてはいけません。

人はみな、自分の言うことを聞いてくれた人の言うことを聞くものです

そうはいっても、「ここでは、お母さんやお父さんの言うことを聞いてほしい」と思うこともあるでしょう。そういうときには、子どもにお願いしましょう。2~3才であっても、親が真剣に頼むことを子どもは受け止めることができるはずです。

それでも反抗される、無視される、そんなときには、親自身が子どもの言うことをどれだけ聞いているかをふり返ってみてほしいのです。人は誰でも、自分の言うことを聞いてくれた人の言うことを聞くものです。みなさんもそうではありませんか？　学校の先生でも、会社の上司でも、頭ごなしに言う人の言葉は素直に聞けないものですが、ふだんから

自分の話を親身に聞いてくれる人のお願いは、聞いてあげたいと思うものです。

子どもに言うことを聞かせたいと思うなら、まず親が子どもの言うことをよく聞いてあげることです。児童精神科医としていろんな子たちと出会ってきましたが、その経験から言わせていただくと、親の言うことを聞かない子のほぼすべては、親に言うことを聞いてもらっていません。これは本当に確かなことです。

ですからお母さんやお父さんは、「この子の言うことを聞いてから、わたしの言うことを聞かせよう」「子どもを喜ばせてから、わたしが喜ぶことをしてもらおう」という、およその順番を意識されるといいですね。

ただ、子どもは大人が期待するほどのスピードではやりません。時間がない場合や、やり方がわかっていないようなときには、どうぞ手伝ってあげてください。「甘やかしてはいけない」などと思う必要はありません。子どもにはみな自立心（こちらは「自分で立つ」ほうの自立です）がありますから、どんなに手伝ってもらったとしても「いつまでも親にやってもらったほうがラクだ」などとは思いません。「困ったときには助けてもらえる」という安心感があるからこそ、今度は自分でやってみようかと、そういう気持ちになるものなのです。

がまんする力をどうやってつけたらいい？

（4才女の子の母）

娘は自己主張の強いタイプです。1～2才の反抗期のころから、要求が通らないと大声で泣くことが多く、「泣いて勝つタイプ」という感じです。最近は多少落ち着いてきましたが、先日もバス停でバスを待つ間に「おなかすいた」を連呼。「もうすぐだからがまんしなさい」と言っても聞く耳をもたず、大声でダダをこね続けました。

自分で「こうしたい」と思ったら絶対に譲らないことも困りものです。どんなに急いでいるときでも、上のボタンまできちんと留めないと気がすまないなどと主張するのでたいへんです。感情表現が激しいので親としても疲れてしまうのですが、今後、どうやってがまんする力をつけていったらいいのでしょうか。

ただ、保育園では優等生タイプ。親（とくに母親）の前だけでワガママなのが気になります。

「園でがんばっているから家ではがまんしない！」と主張しているのかもしれません

「外でいい子、家でワガママ」という子は安心です。心配なのは逆のパターンです

自主性があり、自己主張のはっきりしたタイプのお子さんなのですね。この個性をじょうずに伸ばしてあげることが、お母さんの大切な仕事だと思います。

「がまんする力をつけたい」と書かれていますが、この子は十分がまんする力をもっていると思います。「保育園では優等生」と書いていらっしゃる。人前では感情をコントロールして身を処すことができているのです。何も心配はいりません。親の前でダダっ子なのは、親を信頼し、親に安心できている証拠です。そういう子は心配いらないのです。

心配なのは逆のパターンで、「親の前でいい子、園で手のかかるワガママな子」です。親が怖くて、顔色をうかがうように育っているから、親の目が届かないところで悪さをするのです。このような子は、小・中学校、高校、社会人と成長していく過程でも、いじめや非行など反社会的な行動や、引きこもるなど非社会的な行動をとりがちです。

ですから「園ではとてもいい子ですよ」と先生に言われて、親が「本当ですか？ 家ではものすごくワガママなんですよ！」と驚くくらいがちょうどいいのです。この子は安心な子だ、自分のしたいことがわかっている子だ、将来が楽しみだと、心から思っていらっしゃるといいですね。

けれど、親の前で大声で泣いて自己主張するようなことは、やめさせてあげなくてはいけません。この子だって本当は、泣きたくなんてないのです。泣かないと聞き入れてもらえないから泣いているのです。

日ごろから、親に「してほしいこと」をたっぷりしてもらっている子は、こういう形での自己主張はしないものです。とくに家の外で泣いたり叫んだりする子は、見知らぬ群衆を味方につけようとしているところがあります。なんとしてでもお母さんに言うことを聞いてほしいので、ここぞとばかりに大声を出すのです。

「泣いて勝つ」のはおしまい。泣かなくても勝たせてあげましょう

日常の生活の中で、子どもが「してほしい」ということは、できるだけしてあげてください。「泣いて勝つ」のではなく、泣かなくても勝たせてあげていいのです。ワガママになったりはしません。そこはどうぞ、信じてあげてください。

お子さんが「おなかすいた」と言うなら、小さなお菓子をひとかけら、そっと口に入れてあげてはどうでしょう。お母さんが笑顔で「少しの間、これでがまんしようね。そう、がまんできるの？　えらい子だね」と言うと、心が満たされて空腹もまぎれることでしょう。洋服のボタンを上まで留めたいのであれば、時間の許す限り、いえ、時間が多少許さなくてもやらせてあげてください。自主性のある子だからこそ、親のペースを押しつけられることががまんできないのです。「保育園でならがまんするけれど、ママの前でがまんしたくない！」と主張しているんですね。かわいいじゃないですか。

そういうことを、親がゆっくり笑顔でやってあげていれば、おなかがすいても叫ぶこと

は少なくなるでしょう。急いでいるときには、多少協力してくれるようになるかもしれません。子どもの喜ぶ顔を見て、お母さん自身も幸せな気持ちになるような場面が増えれば増えるほど、お子さんの情緒は急速に安定し、発達していきます。

「子どもの言うことばかり聞いていると、ワガママな子になる」と思っている人がいますが、そんなことはありませんよ。幼い子どもが望むことは、何をどれだけやってあげても大丈夫なのです。子どもの言うことを日ごろからよく聞いてあげている人が、子どもに言うことを聞かせることができるのです。その順番をまちがえないことです。

園では優等生なのです。しかもちゃんと主張できる子です。情緒を安定させることができれば、もっともっと伸びて、いい面を発揮できると思いますよ。

「ごめんなさい」を無理やり言わせていい？

（3才男の子の母）

わたしの夫は子煩悩《ぼんのう》で、子育てに積極的にかかわってくれています。でも、息子が赤ちゃんではなくなったころから、父と子で衝突することが増えてきました。なかでも「しつけ」の場面でぶつかります。

人に何かをしてもらったり、物をもらったときには「ありがとう」、人を痛い目にあわせたり、ルールを守れなかったら「ごめんなさい」。この2つの言葉がきちんと言える人になってほしいというのは夫婦共通の思いですが、息子は「ごめんなさい」がなかなか言えません。何度も説明して、息子の口から「ごめんなさい」が出てくるのを待つようにしているのですが、大泣きしている息子に対して、夫は「ごめんなさいが言えない子とはもう遊ばないよ」「謝るまでおやつはおあずけ」などと、追い詰めるような言葉を投げつけます。言いすぎのようにも思いますが、「ごめんなさい」を言える子になってほしい思いは、わたしにもあるので迷います。

「ごめんなさい」を抵抗なく言うためには家庭内で「ありがとう」「ごめんなさい」を自然に言える雰囲気をつくることです

親は子どもに対して「ごめんなさい」を言っていますか？

「ありがとう」と「ごめんなさい」は、人間関係をつくるうえで非常に大切な言葉だと、わたしも思います。その言葉を適切に使える子に育てたいと思うお父さんの子育て方針にも同感です。しかし、無理やり言わせることと、素直に言えるように育てることは、少し違うと思うのですが、いかがでしょうか。大事なことは、自然に口をつくようになることです。

赤ちゃんや子どもは、周囲の大人が使う言葉を聞いて、まねをして、少しずつ言葉を覚

えていきます。覚えた言葉をどんな場面でどのように使うかということも、大人の使い方を聞いて学ぶのです。お子さんはまだ3才ですから、よく話すようになったとはいえ、言葉の学習の真っ最中でしょう。

お子さんにとって重要なのは、家庭でのふだんの会話です。お父さんとお母さんは「ありがとう」と「ごめんなさい」を頻繁に使っていますか？「ありがとう」は言っているかもしれませんが、「ごめんなさい」のない家庭は多いものです。もしかしたら、家の中で「ごめんなさい」を口にしているのは、この子だけなのかもしれません。だから、謝ることに抵抗や屈辱を感じているのかもしれませんよ。

大人でも、夫や妻や子どもに対して、謝らなくてはならない場面は必ずあります。食事の時間に遅れた、うっかり何かをこぼしてしまった、お休みの日に疲れてしまって遊びに行けなくなった……。いくらでもあるでしょう。そんなときに、「ごめんなさい。許してくれるかな？」と大人が謝る姿を見せるのです。

同時に、「いいよ」「もう大丈夫だよ」と答えることも大切なことです。謝ることが屈辱ではないのだということもまた、お父さんとお母さんが示してあげてください。

しつけの醍醐味《だいごみ》は できるようになるのをじっと待つこと

「子どものしつけは厳しいほど効果がある」と思っている方は少なくありません。それはおそらく、その方が育ってきた家庭の文化なのでしょう。それを一概に「いい」「悪い」というつもりはないのですが、こうやって子どもの精神科医の仕事をしていると「厳しくすれば、いい子に育つ」とはとても思えません。問題行動があって精神科を訪れる子の多くが、親から厳しく育てられた子どもだからです。逆に、やさしくされすぎて問題行動が出た子を見たことはありません。

わたしがしつけのキーワードとしてあげているのは、①穏やかに、②繰り返し言って聞かせて、③できるようになるまでゆっくり待ってあげる、という3つです。

なかでも「できるようになるまで待つ」ことはとても重要です。このご夫婦も「待とう」と思っているようですが、少しせっかちなようですね。

「ごめんなさいが言えない子とは遊ばないよ」と脅すのではなく、「ごめんなさいを言えるようになるといいね」というような姿勢で待ってあげるのがいいのです。それは5分待つ、10分待つ、というのではありませんよ。いまは言えなくても、4才になったら、5才になったら、言えるようになるかな、という姿勢で待つことです。

早くできることがいいわけではありません。遅いから悪いわけでもない。ゆっくりと、その子の心の内側で、機が熟すのを待つのです。果物と同じですね。熟すまでじっと待つことでおいしい実が育つのです。

お父さんには、このページをどうぞ読ませてください。子煩悩で、子育てに協力的なお父さんなのであれば、きっと理解してくださるでしょう。

そしてご相談者の方は、じょうずに2人の間に入ってあげられるといいですね。お父さんには「そんなにしからないであげてね」と、息子さんには「悪いって思っているんだよね。ごめんって言えるかな？　今日は言えなくても、次は言えるようになるといいね」と、両方を立てるような言い方を心がけるといいと思います。

まだたった3才です。あせって無理やり言わせる必要はありません。でも、悪いことをしたことは十分わかっているはずですよ。

お友だちの家で遊ぶとき、マナーが気になります

（4才女の子・1才男の子の母）

年少の娘にも少しずつ幼稚園のお友だちが増え、お互いの家を行き来することも多くなりました。ただ、「お友だちと遊ぶ」というより、「その家にあるおもちゃで遊びたい」という気持ちが強くて気になります。最初はお友だちとおままごとをしていても、次はブロック、次はパズルといろいろ出してしまいます。最後には、知育系ワークブックの迷路やシール遊びまで娘がやってしまい、使えなくしてしまうこともありました。

相手のママは「いいよ、大丈夫だよ」と言ってくれるのですが、わたしだったらきっとイヤだろうと思います。「これは、お友だちの大事なものだから、やめようね」と言っても聞きません。遊びに行く前に約束していくのですが、家に着いたらすっかり忘れてしまうようです。

お友だちの家で仲よく遊べるようにするためには、どうやって教えたらいいのでしょうか。

家庭によってルールは違うのでその家のやり方に合わせましょう。お母さん同士の信頼感があればいいのです

「貸して」「ありがとう」をお母さんが代弁することで、配慮する「心」を学びます

まだ4才の年少さんなら、お友だちのものを自分のもののように扱ったりするのは自然なことです。おもちゃの貸し借りができないことも、他人のものを家に持って帰りたがることもあります。わたしの息子も、友だちの親御さんの言葉に甘えて、おもちゃをよく貸してもらいました。相手の親御さんが「大丈夫ですよ」と言ってくださるなら、何も問題はありません。感謝して使わせていただきましょう。気になるのであれば、新しいワークブックをプレゼントするのもいいかもしれません。

マナーを特別に教えなくても、成長にともなって子どもは学んでいきます。教えるためのいちばんいい方法は、お母さんがその場にいて「○○ちゃん、ブロックで遊んでいい？」「そう、ありがとうね」と、わが子の言葉を代弁してあげることです。お子さんはそれを見聞きしながら「言葉」を覚えるとともに、相手に配慮する「心」を学びます。「このようにふるまってほしい」と思う行動は、お母さんがやってみせる。それがいちばん自然で簡単で、伝わりやすいしつけの方法だと思います。

このお母さんは、少し気をつかいすぎていらっしゃるのでしょう。まだつきあいも浅いので、相手の方の「大丈夫」という言葉が本心なのかわからず、不安なのだと思います。お母さん同士が、どんどん親しくかかわっていかれるといいですね。「ちっとも迷惑なんかじゃないですよ」「お互いさまです」と心から思い合える関係になれば、子どもの行動など気にならなくなるものです。そのためには、ご自身も家にお友だちを招きましょう。そのうちに、このお母さんも「このくらいたいしたことじゃないわ」と感じるようになると思います。小さな子どものすることなのですから。

それに、親同士が親しくなると、子ども同士も仲よくなります。好き勝手におもちゃを使われても、険悪な関係にはならないものです。

行ったり来たりして、迷惑もお互いさま。それが社会性を身につける最高のしつけです

わたしの子どもが幼いころには、子どもの友だちを毎日のように家に呼びました。そうすると、相手の方も「遊びにおいで」と声をかけてくださるんです。いろんな家を行き来する中で、息子たちはたくさんのことを学んだと思います。あるとき、息子がこんなことを言っていました。「○○くんの家に入るとき、靴下をはいてないと、おばさんに足をふかれちゃうんだ。だから、今日は靴下をはいていくよ」と。いい勉強ですね。

わが家にもルールはありました。子どもが自由に遊んでいい部屋は一つだけで、あとの部屋に入るときは家内に確認することです。ただ、子ども用の部屋では何をしてもいいんです。壁に落書きしようと、障子を破ろうと何も問題ありません。ほかのお母さんは「申し訳ない」と思うかもしれませんが、わが家では「大丈夫」なんです。

あるとき、わが家の冷蔵庫を勝手にあけてしまう子がいました。家内は、「この冷蔵庫はおばあちゃんちのだから、勝手にあけるんじゃなくて、ほしいものがあったら言ってね。

もしなかったら、次までに買っておくから」と言ったそうです。その子は遠慮なく「ヨーグルトがほしい」「ジュースが飲みたい」と言ったそうですが、冷蔵庫はあけなくなったそうです。そんな子ですが、自律心のある子だったようで、遊んでいる途中で雨が降ってきたときに、唯一「おばちゃん、洗濯物がぬれちゃうよ」と教えてくれたそうです。家内は「うちにはいろんな子が来るけど、そんなこと言ってくれたのはあなただけだよ」と、ほめてあげたそうです。その後、その子のご両親が離婚して祖父母に引きとられることになったのですが、引っ越しの日にわざわざおばあちゃんといっしょにあいさつに来てくれました。それもわが家だけに。うれしかった、と家内は言っていました。

子どもたちは、いろんな人とかかわることで社会性を身につけていきます。同じことをしても、「大丈夫だよ」という家もあれば、しかられる家もあるでしょう。それでいいのです。どうぞ、たくさんのお子さんを家に招き入れ、そして招かれたら遊びに行かせてください。その中で子どもたちは、家庭だけでは学べない社会性を身につけていくのです。これ以上のしつけはないと、わたしは思います。

たたいてしつけをするママ友とどう接する？

（3才女の子の母）

娘には幼稚園で仲よしの友だちがいます。その子のママとのつきあい方で悩んでいます。娘の仲よしさんはとても元気のいい女の子で、言葉で注意しても素直に聞くタイプではありません。その子のママは、「言うことを聞かないときは、たたいたり、髪の毛を引っぱったりするよ。こういうのって虐待かな〜？」とあっけらかんと言うので、なんと答えていいか、こっちもとまどってしまいます。

先日、その親子と遊んでいるときに、ママが自分の娘をたたいてしかるのを目の当たりにしました。うちの娘はわたしにだけ聞こえるように「ママ、たたくのっていけないよね」と耳打ちしてきました。わたしは「うん、絶対ダメ」と言いたかったのですが、彼女の手前ちゃんと返事ができず、娘を混乱させてしまったようです。この先も、こんな場面に遭遇するかもしれないため、そのママ友とは距離をおきたいのですが、娘を遠ざけることもできません。

しつけに暴力を使ってはいけません。「わたしはたたかない」という姿勢を貫き、わが子にちゃんと伝えて安心させて

たたきたくなる場面ほど、親は自制心をもって穏やかに言葉で伝えるのです

ご相談者の方は、しつけの道具として暴力を使うことはまちがいだと、そう思っているのですね。そうですよ、そのとおりです。

「そういうことをしちゃダメでしょう」と言葉で伝えることと、たたくこととでは、意味が全然違います。たたくということは、腕力の強いものが弱いものを従わせるための暴力です。子どもは少しも納得していないのに暴力による屈辱の中で従わなくてはいけないのです。このようなしつけをされても、自分で自分を律しようとする心が育つことはありま

せん。それどころか自尊心をひどく傷つけられ、自己肯定感を失わせる行為になります。傷つけられた自尊心を回復するのは、程度の違いこそあれ、一様に難しいものです。

親が子どもに、「ダメだよ」と言うのはいいのです。でも、たたくのはいけません。たたきたくなったときほど、親は自制心をもたなくてはいけません。たたくことで子どもがいい方向に変わることはけっしてないのだと、知っておく必要があります。

お友だちの子も、素直に人の言うことを聞く子ではないと書いていらっしゃいます。おそらく、自尊心をねじ曲げられるような体験をしてきたのでしょう。親の言うことを強く押しつけられ、自分の願いはあまり聞き届けてもらえなかったのかもしれません。これが続くと、今後ますます反抗的な行動が増えてくるのではないかと危惧します。

子どもをたたかずに育てているお母さんというのは、意に沿わない行動をする他者を受け入れる力をもっている、ということです。逆に、たたかずにいられない人は人を受け入れる力が弱いのです。お友だちのお母さんは、幼少期から自分を否定され続けたり、強制されたりして育てられた人なのかもしれません。悲しいことです。

距離をとるのではなく、ママ友のつらさに耳を傾けて

ご相談者は、自分のお子さんにも「人をたたくことはいけない」と教えていらっしゃるのですね。だからお子さんは、目の前で友だちをたたいている別のお母さんの姿を見て、とまどっているのですね。

その場で何も言えないこともあるでしょう。でも、たとえばその日の夜、おふろなどで「いろんな人がいるよねぇ。でも、ママはたたかないよ。パパもたたかないよ。うちでは誰も人をたたいたりはしないよ」と、そうおっしゃってあげるといいと思います。残念なことですが、子どもをたたいて育てているご家庭が珍しいとはいえないことは事実です。その事実を、子どもに自然に伝えていけばいいと思います。そのうえで「わたしは絶対に人に暴力をふるうことはない」と伝えれば、それで十分なのです。

そのお友だち母子と距離をとろうかと考えていらっしゃるそうですが、それはしなくていいと思います。もしできれば、ご相談者さんがママ友のいまの不満やつらさに耳を傾け

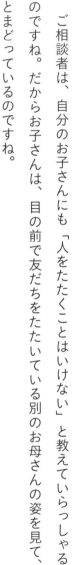

てあげられると、それがいちばんいいと思います。「虐待かな？」とあっけらかんと言うのは、「自分がやっているのはよくないことかも」という恐れがあるせいです。でも、「虐待だよ」「たたくのはやめなよ」などとストレートに言ってしまうと、「自分の子育てを否定された」と感じてしまうでしょう。もしかしたら、「この子が悪いせいで、わたしが恥をかかされたのだ」と、怒りが子どもに向かうかもしれません。

それよりも、「○○ちゃん、こういうところがいい子だよね」というように、肯定的なことを言ってあげてほしいと思います。ママ友が気づいていない、小さないいところを拾い集め、ほめてあげるのがいいと思います。このお母さんがほっとするようなことを、伝えてあげるといいのです。

もう少し大きくなったら、子どもだけを家に呼んであげてください。元気がよくて気の強いお友だちから、お子さんが学ぶこともきっとあるはずです。この子以外にもたくさんの子を家に招き、さまざまな価値観にふれるチャンスをつくってあげましょう。その経験が、子どもを育てていくのだと思います。

娘になんでも買い与える義母にイライラ

（3才女の子の母）

先日、わたしは高熱と全身に発疹が出る症状が1週間以上続き、近所のクリニック、皮膚科、総合病院、大学病院と、何度も病院へ通いました。待ち時間の長い通院に3才の娘を伴うことは難しいので、近所に住む義母に預かってもらいました。

何度も快く預かってくれたことには感謝しているのですが、しつけについての考えの違いをあらためて実感し、イライラしました。うちでは与えていないジュースを毎回飲ませる、ほしがるおもちゃをなんでも買い与える……。はたから見ればささいなことだと思うのですが、これからも娘を預けることがあるかもしれません。この先ずっと続いていくのかと思うと憂鬱《ゆううつ》です。

娘には、おばあちゃんの家と、自分の家では考え方やルールが違うんだということをきちんと伝えていきたいと思っていますが、ほかによい方法があれば教えていただけないでしょうか。

子どもは多様な価値観の中で育つのがいい。「おばあちゃんとママとではルールが違う」ということくらい十分理解しています

親は将来の幸福を考えますが 祖父母はいま幸せを与えたいと思います

祖父母と親とでは、子どもを育てるときの思いや姿勢が確かに違いますね。ママがダメというものでも、おばあちゃんなら買ってくれる。パパなら怒ることでも、おじいちゃんはしからない。そのような、しつけの方針の違いはままあることです。

一見、親と祖父母は矛盾しているようですが、子どもが健全に育つためには、どちらも必要なことなのです。

幼い子どもを育てる過程には、禁止したりしかったりする場面は必ずあります。しつけ

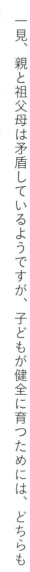

そのものは必要なことなのですが、子どもの自尊心を傷つけるという側面があります。傷ついた自尊心を回復させてくれるのが、「いいんだよ」と認めてくれる祖父母の存在です。この、別な価値観をもつ存在が大事なのです。

親には、子どもの「将来の幸せ」を願う気持ちが強くあります。とくに日本の親は、将来のためにしっかりしつけをしようとか、勉強させようとか、そういう気持ちが他国の親に比べ、とても強いですね。それに対して祖父母は、「いま、目の前にいる孫を幸せにしたい」と思う気持ちが強いのです。だから、「むし歯になったら困る」などとは考えずにお菓子を与えます。

子どもの幸福のためには「将来」と「現在」、その両方の視点が必要です。しかし「将来」を考える親は、現在の幸福を犠牲にしがちです。そのゆがみや偏りを、祖父母が是正してくれているのだと思ってはいかがでしょう。

たとえばの話ですが、わたしがいつも親から「チョコレートを食べたらすぐ歯みがきしなさい」と言われていたとします。親の言うことは聞くけれど、きっととてもめんどうでしょう。チョコを食べる意欲を失うかもしれません。そんなとき、おばあちゃんが「ママにはないしょだよ」とチョコレートをこっそり食べさせてくれたらうれしいでしょうね。

でも、わかっているんですよ。これは「たまに」だからいいんだと。

家と外とではルールが違うということを、子どもは理解しています。3才でもわかります。お母さんは「なぜ家ではジュースを飲ませないのか」という自分の価値観を穏やかに伝えればいいのであって、おばあちゃんを否定したり、引き合いに出したりする必要はありません。同様に、お母さんがおばあちゃんの価値観に迎合する必要もありません。

孫と祖父母の蜜月は短いけれど あたたかい人間関係は続いていくものです

これから先も、子どもは異なる価値観を受け入れて成長していきます。友だちの家には友だちの家のルールや文化があること、担任の先生が変わるたびに教室内でのきまりが変わること、小学生と中学生では求められるものが変わること……その一つ一つを子どもはとまどいながらも受け入れます。たった一つの価値観の中で育てられるはずはないし、もしそんなことがあるとすれば、子どもはひどく薄っぺらな人間になってしまうでしょう。

「この先ずっと続いていくのかと思うと憂鬱です」とありますが、そんなことはありませんよ。祖父母と孫が親しく過ごす時間は本当に短いものです。子どもも甘えなくなりますし、祖父母もそれを感じとります。

けれど、あたたかい関係はちゃんと残るのです。わが家の例ですが、うちの子たちは祖父母に本当にかわいがってもらったので、祖父母が衰えて手助けを必要としたときに、イヤな顔をしたり、「あとで」と断ったりすることは絶対にありませんでした。物をとってほしいとか、少しだけ肩を貸してほしいとかいう祖父母の願いを、彼らはいつも快く引き受けていました。それは幼いころ、祖父母に同じようにしてもらっていたからにほかならないのです。

祖父母は、親にできないことをしてくれる存在です。そしてまちがいなく、あなたのお子さんをかわいがってくれている人です。愛情を惜しげもなく与え、幸福を願っている人なのです。そんな人は、ほかにはいません。その愛情をもらわないのは、本当にもったいない話です。

子どもに寄り添うということは 1

聞く

わたしが精神科医としての訓練を受けているころ、指導医がよく言いました。「患者さんの話をちゃんと聞けるようになったら、ほぼ一人前ですよ」と。

そのとおりだと思います。患者さんに有益なことを伝えるよりも、患者さんが何を言いたいのかを聞きとることのほうがはるかに難しいのです。そして患者さんの言葉を聞こうとしない医者が「ああしなさい」「こうしちゃダメ」といくら言ったところで、患者さんには届かないのです。それは親子でも同じです。人間関係とはそういうものだと思います。

子どもが話しかけてきたら、どうぞゆっくりと聞いてあげてください。長時間でなくてもいいし、家事をしながらでもいい。イライラせず、穏やかに、うなずいて聞いてあげてください。それだけで、子どもに親の愛情が伝わります。

ときにはお母さんから「今日の晩ごはんは何がいい？」「日曜日にはどこに行きたい？」などと希望を聞いてあげてください。希望がかなえられないこともあるでしょうけれど、「聞いてもらえた」ということが大事なのです。それを積み重ねるうち、親の言葉も届くようになることでしょう。

子どもに寄り添うということは 2

話す

子どもの話はどれだけでも聞いてあげてください。一方で、親の話は極力少なめにするのがいいですね。多すぎると薬と同じで、副作用が出てしまうものです。

親というものは、わが子に「こうしてはいけない」「こうするといい」ということをつい言いたくなるものです。正しいことを教えたくなるのです。

親の思いを子どもに伝えることは、けっして悪いことではありません。問題は量です。あまり言いすぎてしまうと、それが「いまのあなたのままではいけない」「わたしはもっといい子を望んでいる」というメッセージとなって、子どもに届いてしまうのです。正しいことほど、小出しにするのがいいのです。

子どもにしてほしいことがあれば、言葉で伝えるよりも、親が見本を見せるのがいいと思います。「そんな持ち方じゃこぼすわよ」と口で言うよりも、手を添えて、持ち方を教えてあげたほうがいいのです。あいさつできる子にしたいならば、親が毎日、子どもやご近所の人にあいさつを続けてください。そんな姿を子どもたちは自然にまねていくのです。

第3章

親子バトルから抜け出したい

いい子だから
かわいがるのではありません。
かわいがるから
いい子になるのです。

がまんするのは親です。大人が先に、がまんするのです

以前、ある親子がわたしの診察室を訪れました。その子はいわゆる学級崩壊の原因になっている子で、授業中に歩き回る、走り回る、周囲の子にちょっかいを出す、先生に注意されると暴れだすなどの問題行動を繰り返し、親にも先生にもしかられすぎていました。

診察室でも落ち着きなく体を動かすので、ご両親は厳しい顔で子どもを押さえつけていました。わたしは「1週間でいいので、この子をしからないでいてあげてください」とご両親にお伝えしました。するとお父さんは驚かれて、「しかっても、しかっても、しかっても、このありさまです。しからなかったら、いったいどうなると思うんですか？」とおっしゃいました。わたしは、「この子も、あなたにしかられるのをがまんしているんです。であれば、あなたも一度、しかるのをがまんしてみてはいかがですか」と答えました。お父さんはびっくりした顔をされましたが、すぐ冷静になって「先生は厳しいですね。がんばってみます」と約束してくれました。

1週間後、再びやってきたお父さんは「血のにじむような努力」をして、なんとかしからないで過ごしたそうです。「しかりたい気持ちを抑えることがこんなに難しいとは知り

ませんでした。わたしも息子に似た『がまんできない特性』があるのかもしれませんね」と笑っていらっしゃいました。たいした人だと思いました。息子さんは1週間前よりも明らかに落ち着いていて、父と子の間にやさしい空気が流れていました。

その後、この子のご両親は本当にしからずに育てたそうです。先日、久しぶりにご連絡をいただき、無事に希望の大学に合格したと教えてくれました。誰もが知っている有名な大学です。「おできになるんですね」とお話ししたら、お母さんはうれしそうに「はい、よくできる子です」とおっしゃっていました。

わたしは長く臨床の現場で、多くの親子に会ってきました。その経験から確実に言えるのは、親がしかればしかるほど、子どもはしかられる子になっていくということです。親が心配すればするほど、心配な行動を続けるのです。それはもう確実です。その悪循環を断ち切らなければ、子どもの情緒を安定させることはできません。その場合、どちらが先にがまんするのか。答えは明白です。大人が先です。大人が先に変わるしかないのです。

先ほどの子にはＡＤＨＤ（注意欠如・多動症）の傾向がありました。しかってもしからなくても、その特性が消えるわけではありません。しかし、親がしかりすぎをいったんやめることで子どもの情緒が安定し、その子に合った対応をとることが可能になります。得意と不得意が大きい子なので、得意の部分をちゃんと見極め、そこを伸ばそうと本人も前向きにとらえることができるようになるのです。好循環が始まるのです。

感情的になった子どもを前にしたら、立ち止まって考える

雑誌の悩み相談にも、「子どもをしかりすぎてしまう」「親子で毎日バトルしてしまう」という相談のお手紙は非常に多く寄せられます。「やさしく言い聞かせても言うことを聞かない」「すぐにダダをこねる」「言い聞かせても、説明しても納得してくれない」「こんなにワガママで心配です」。そんな悩みがつづられています。

親が「育てにくい」と感じる子には、感情のコントロールが苦手な子が多いものです。怒りや悲しみ、イライラなどの感情を収めることがうまくできない根底には、欲求不満があることがほとんどです。

たとえば子どもがいきなりお母さんに物を投げつけたとします。「危ないでしょ」「物を投げてはいけません」と言いたくなりますね。しかりたくなるのも当然ですし、「ごめんなさいは？」と謝ることを教えたいと思います。それはいいのです。でも子どもがさらに

怒って泣きわめくなら、いったん立ち止まって考えてほしいのです。この子はわたしに何かしてほしいことがあるのだ、わかってほしいことがあるのだ、と。

幼い子どもの望みに、さほどの種類はありません。妹よりもわたしのほうをかわいがってほしいとか、疲れたから抱っこしてほしいとか、幼稚園や学校でイヤなことがあったから甘えたいとか、そういうことです。その希望がかなえられないから、欲求不満を物に置き換えて投げつけているのです。それだけお母さんを求め、愛を返してほしいと思っているのです。このときに親がすべきことは、しかることでも、「なぜいけないか」を理詰めで伝えることでもありません。甘えさせることです。抱っこして「大丈夫だよ」と言ってあげることなのです。

子どもが乱暴なときほど、やさしくしてあげましょう

最近のお父さんお母さんたちは、育児書などを読んだり、インターネットでさまざまな体験談を見たり、子育てに関して勉強している人が多いと感じます。子どもをたたくのはいけないということも、甘えさせることが大切だということも、よくわかっています。

その一方で、「子どもの理不尽な要求に無条件で応えてもいいのか」「子どもとはいえ、乱暴な態度を許してはいけないのではないか」「甘えさせるのはいいけれど、甘やかしてはいけないはずだ」などと、さまざまな知識や常識との矛盾の中で揺れ動いているとも感じます。確かに一般的な大人の論理でいけば、それは正しいのです。でも、幼い子どもと親との関係の中ではあまり意味をなしません。

子どもはいくらでも甘やかしていいのです。たくさんかわいがってあげていいのです。望みをかなえてあげていいのです。親が言うことを聞いてあげればあげるほど、言うことを聞く子になります。かわいがればかわいがるほど、かわいい態度をとるものです。乱暴な態度をとるときほど、やさしく接するのです。そんなふうにしてくれるのは、お母さんしかいないと思うから、子どもは理不尽な要求をするのです。言葉にできない思いを抱えて、それを自分ではコントロールできなくて、「なんとかして」と暴れているのです。

子どもが何才でも甘えさせていい、やさしい言葉をかけていい

このような親子バトルは、子どもが何才であっても起こりうることです。思春期でも、

もしかしたらそれ以上の年齢でも。ですから、幼児期や小学校低学年でバトルになったのであれば、「ああ、よかった。親孝行な子だ」と思ってください。子どもはまだ幼くて、暴れてもたかが知れています。体も小さいので、すっぽり包み込んで抱きしめることもできます。どうぞやさしく包んで「大好きだよ」と言ってあげてください。

もちろんそれは、思春期でも、青年期でも同じです。不足している「甘えたい」という思いが満たされなければ、欲求不満は高まる一方です。すっぽり包むことが難しい年齢であれば、言葉で包んであげるのがいいと思います。子どもの話を否定せずにちゃんと聞いてあげて、「がんばっているね」「あなたはいい子だよ」と、やさしい言葉をかけてあげてください。「あなたの好きなから揚げをいっぱい作ったよ」「ケーキ買ってきたから、いっしょに食べようね」と、子どもの好物を用意してあげるのも、とてもいいと思います。

相談者のお母さんの中には、いまも自分の親と冷たい親子バトルを続けている人が少なくありません。「親に愛してもらえなかった自分が、子どもを愛せるのか」と悩み続けています。このような思いを繰り返さないためにも、どうぞわが子をうんとかわいがって、うんと抱きしめてください。子どもに愛情が伝わるように表現してください。

しかりすぎて子どもを責め立ててしまいます

（9才男の子・7才女の子の母）

子どもたちを1日に10回くらいはしかっていると思います。しかりすぎだという自覚はあるのですが、兄は妹をたたいたりして泣かせるし、妹はしょっちゅうダダをこねて、わざと物を投げたり壊したりします。

わたしは、子どもたちのそんな行動がまったく理解できず、「なんでそういうことするの？」「やっていいことと悪いことがあるの、わからないの？」と責め立て、「頭の検査してくれる病院に行こうか？」などと傷つけ追い詰めるようなことまで言ってしまいます。子どもたちは最終的には泣いて、手をついて謝ります。

そんなわたしですが、子どもたちは「お母さんが好き」と言ってくれます。本当でしょうか。とくに上の子に対して幼児期に何度も強くしかってしまいました。わたしのことを許してくれていないように感じます。

激しくしかるほど〝しかられる子〟になります。やさしく穏やかに伝えれば〝しからなくていい子〟になっていくものです

まず変わるのは親のほうです。「しからない」と心に決めて接するのです

臨床の現場でたくさんの親子をみてきて、これだけは確かだ、と思っていることがあります。それは、親が子どもをしかっている間は、「しからなくていい子」にはならないということです。しかればしかるほど、もっともっと「しかられる子」になります。

しかりたくてしかっている親はいないでしょう。でも多くの親は、「しからないで育てるなんてできない」と思い込んでいます。確かに子どもは常にしかられるような行動をします。だから親は「子どもがしかられるような行動をやめてくれたら、わたしもしからず

にすむ」と考えます。子どもに先に変わってもらおうと、そう思っているのです。でも、変わるのは親のほうが先です。順番は、必ず大人からです。子どもよりも大人のほうが、先に変わることができるからです。

親が子どもをしからなくなれば、少したってから子どもは、しかられるような行動を減らし始めます。親がしからなくなって初めて、子どもの行動が変わっていくのです。しかり続けているうちは、子どもはしかられるような行動をけっしてやめません。

考えてみてください。1日10回もしかられ、どなられ、ときには手をついて謝っているのです。自尊心は深く傷つき、屈辱感のようなものだけが残っていることでしょう。占領された国の国民のような気持ちでしょう。強い屈辱感と劣等感を植えつけてしまいます。わたしは80年も生きていますが、これまでの人生で、手をついて人に謝った経験はありません。どうぞ、お子さんにそんなことをさせないでください。

「こんなことは、するもんじゃないよ」「こうしたらいいんだよ」と言うのはいいのです。ただ、怒ったり、どなったり、命令したりするように言う必要はありません。

夫が妻をどなりつけて「料理がまずい」「掃除がへただ」と言ったとしますね。それで妻が反省して、もっとおいしい料理を作ろうと思うでしょうか。夫婦の関係が、いい形になっていくでしょうか。本当にいい夫婦は、お互いの欠点をののしるようなことは絶対にしません。親子だって同じことなのです。

静かに考えましょう。わが子のいいところ、かわいいところを

そして、ご自身を静かにしかってください。それは、自分自身をふり返ってということです。今日はどんなことで子どもを責め立てたのか、ゆっくり考えてください。「ここでは、こんな言い方をすればよかった」「このとき、あの子はわたしにこうしてほしかっただけなんだ」と気づくかもしれません。

お母さん自身も子どものころ、親からしかられることが多かったのだと思います。そういう生い立ちをふり返ることも大切です。自分が親にされてイヤだったこと、つらかったことを、わが子に引き継ぐ必要などありません。

人間は大人になっても、いいえ、死ぬ直前まで、自分で自分を育てていくのです。そのためにも、静かに自分を見つめ直してください。

そして、わが子のいいところ、ほめたくなるところ、好きなところ、そういうところを一生懸命に考えるといいですね。欠点や弱点のない人はいません。でもその欠点がどんな形で出るかは、家庭の環境ひとつで違ってくるものなのです。

きょうだいゲンカのときは、ケンカに立ち入らないことです。「なんでケンカしているの」「あなたが悪いでしょう」「お兄ちゃんでしょう」「妹でしょう」と、そういうことは言わないのです。タイミングを見はからって「これでおしまい」とだけ伝えてください。「のどかわいたでしょう。ジュースを飲もうね」などと、気持ちを切り替えるだけでいいのです。そうやって親がどちらの味方にもならないことで、きょうだいゲンカは自然に減っていくものです。ダダをこねるのであれば、抱っこしてあげてください。抱っこが好きな子もイヤがる子もいますが、スキンシップは子どもにとって心地いいものなのです。

そんなふうにしていくうちに、1日10回しかっていたのが7回になり、5回になり、気がつけば「もう2〜3日、しかっていないわ」というようになります。それに少し遅れるように、子どもは「しからなくていい子」になっていくはずです。

カッとなって家を出て行く〝独立心旺盛《おうせい》〟な娘

（小1と4才女の子の母）

先日、母子3人で入浴中に、娘2人が大ゲンカをしました。どう見ても長女のほうが悪かったので、つい一方的に怒ってしまったところ、長女は「こんな家にはいられない！」と言い放ち、びしょびしょの髪のまま家を出て行きました。わたしも次女もあわてておふろを出たのですが、着替えなどに手間どり、追いかけたのは15分後。マンションの外階段にうずくまっていた長女を発見しました。結局、家のまわりをウロウロしていただけのようですが、「7才でも家出するんだぁ」とびっくりしました。

思えば、4才のころから「早く結婚して2人で住むからパパとママはついてこないでよ」と言う子でした。居心地の悪い家庭にはしていないつもりなのですが……。娘のような独立心旺盛なタイプは、気をつけないと将来的に「家出少女」になるのでしょうか？　小学生になったら、親は子どもを後ろから見守る時期ともいいますし、悩むところです。

「家出」は甘えたい気持ちの表れ。本当の独立心は、親にたっぷり依存して安心できて初めて育つものです

行動の根っこにあるものは妹に対するやきもちなのかもしれません

この子は「独立心旺盛」でしょうか。わたしはまったく逆だと感じました。お母さんに甘えたくてたまらない子です。妹のほうがお母さんにかわいがられているように思えたのでしょう。自分の気持ちをわかってほしくて、でもそれを言葉で言えなくて、態度で示そうとして家を飛び出したのです。それなのに、お母さんは15分もたってから迎えにきたんですね。この子は外階段の下で、ぬれた髪のまま、お母さんを待っていたのです。その気持ちを考えずに、「独立心」という言葉で納得してはいけません。

ご心配していらっしゃるように、家に戻らず友だちの家を泊まり歩く「家出少女」たちも、根っこは同じです。けっして独立心が旺盛なのではなく、自分にもっと目を向けてほしくて、家を出るという極端な行動に出ているだけです。

子どもが本当の意味で自立するためには、家庭に十分なやすらぎと安心を感じる必要があります。イギリスの乳幼児精神科医ウィニコットはこう言っています。

「幼い子にとって母子分離なんてものはありません。お母さんとの関係で十分な安全感（守られているという安心感）を得て、その安全感を持ち歩くようにして、親から少しずつ離れていくのです」と。

子どもは誰しも、新しい世界に出ていくことにおびえと不安を感じるものです。けれど、お母さんへの信頼をしっかり実感できれば、それを安心材料のようにして外の人とのつながりがつくれるようになるのです。

たとえば不登校の子が学校に行けるようになるのはどんなタイミングかというと、自分の親との関係がよくなり、家庭が本当の意味で居心地よくなったときなのです。外でいきいき活動できる子というのは、帰る家のある子です。子どもは、居心地が悪いから家を出ていくわけではありません。居心地のいい家庭で十分エネルギーをため込むことができたから、自信をもって家を出ていけるようになるのです。逆に言えば、親に不安感をもっているうちに親から離れることほど、危ないことはありません。

上の子が喜ぶことをしてあげましょう。「愛されている」と感じさせることを

このお子さんの心のうちには、「自分より妹のほうが親に愛されている」という思いがあるのではないでしょうか。「2人きょうだい」に顕著なのですが、上の子は「自分は下の子ほど愛されていない」と思いがちです。下の子が生まれるまでひとり占めしていた親の愛情を、下の子の誕生によって半分、いえ、本人にしてみれば「ほぼすべて」奪われてしまうという経験をするからです。

このお子さんも、4才ごろから「ひとりで暮らしたい」と言い始めたのですね。おそらく下の子に親の愛情をとられてしまったと感じ、その不安感がこのような言葉で表現されたのではないでしょうか。

いまからでも遅くはありません。「あなたが大事」「あなたが大好き」というお母さんの

思いを、どうぞ上の子に伝わるように届けてください。

いちばん簡単で伝わりやすいのは、食べ物です。上の子に「今夜は何が食べたい？」と聞いてみてください。思い浮かばないようであれば「スパゲッティとオムライス、どっちが食べたい？」と選ばせるのもいいですね。おやつも喜びますよ。「あなたの好きなシュークリームを買ってきたよ」というように、この子の好物を買ってきてあげるのです。

子どもというのは、たったそれだけのことがうれしいのです。「親に愛されている」と伝わるのです。あまりにささいなことなので親はつい忘れてしまうのですが、それをていねいに繰り返してみてください。

小学生になったら、「親は後ろから見守るのが当然」というわけではありません。この子はまだ、その段階に来ていないと感じます。寄り添って、支えて、あなたが大好きだよと何度も繰り返し伝えて、「うちがいちばんいい」「親のそばが安心だ」と思わせてあげてください。お母さんにたっぷり甘え、ときには反抗し、その気持ちをしっかり受け止めてもらった先に、この子の本当の「独立」があるのだと、わたしは思います。

一刻も早く寝かせたい母と寝たくない息子

（2才男の子の母）

わたしはフルタイムで働いているので、毎日、延長保育ギリギリの19時に保育園に迎えに行きます。帰宅後は「夕食→おふろ→歯みがき→寝かしつけ」と、時間との闘いになります。たった3時間しかない中ですべてをこなし、なんとか22時までには寝かせたいと思っているのですが、うまくいきません。息子は着替えも歯みがきも「自分で〜」と主張するし、寝る前に読み聞かせる絵本を自分で選んでおきながら、ベッドに入ってから「これじゃない！　違うのとりに行く〜」と抱っこして階下へ連れて行けとせがんだり……。

イヤイヤ期だからしかたがないとは思うのですが、わたしも「ダメ！」を連発してしまいます。自分の要求をはねのけられた息子は、さらに自己主張がエスカレートしてギャン泣き。結局、いつも就寝時間が目標を大幅にオーバーして自己嫌悪に。どうしたら親子バトルをしないですみますか？

親子でふれ合う時間が短いからこそママに甘えたくてしかたがない。大好きだからこそワガママを言うのです

心に満たされないものがあると子どもだって眠りたくないものです

夜7時に保育園にお迎えに行って、夜10時には眠らせようとがんばっているのですね。それは本当にたいへんなことでしょう。睡眠はとても大切ですし、お母さんとしてはたくさんの家事も片づけなくてはいけません。できるだけさっさと寝てほしい気持ちはとてもよくわかります。

けれど、子どもはやはり子どもなのです。そんなことはおかまいなしに、昼間いっしょにいられなかったぶん、甘えたいし、遊びたい。さっさと寝たくはないのです。明日の朝

になればまたママと離れなくてはいけないのですから、いろんなことを言って寝る時間をあと回しにしたいのです。大人だってそうでしょう？　仕事でストレスがたまっていると、「早く寝ないと明日がたいへんだ」とわかっていても夜ふかしをしてしまうものです。

絵本を次々選ぶのだって、お母さんに「こっちを見て」「もっとかまって」という行動です。素直に読み聞かせてもらえばいいのに、「いや、この本じゃなかった」と言うのは、抱っこしてもらって、階段をいっしょにおりて、またいっしょに上がってくる、それがしたいんです。かわいいじゃないですか。ケンカする必要なんてありません。つきあってあげれば、絵本の読み聞かせ以上に、子どもの心は落ち着くのです。

子どもはワガママで気まぐれで、甘えん坊なものです。親に手をかけさせて、かけさせて、かけさせて、そうやって気がつくと手がかからなくなっていくのです。幼いころに親に手をかけさせた子ほど、どういうわけか自立が早いと感じます。

帰ってきてから寝かしつけるまでの間は、確かに大忙しだと思います。ごはんも作らなくちゃ、洗濯機も回さなくちゃ、おふろにも入れなくちゃ……、やることはいろいろあるでしょうけれど、「ママはやることがいっぱいあって忙しいから、あなたはあっちでテレビでも見ていなさい」では、満たされない思いがたまってバトルになってしまいます。

わたしはよく「家事をする間は、『ママにつかまっていなさい』とエプロンの端をにぎらせておくといいですよ」と話します。親子のふれ合いというのは、子どもと一生懸命に遊ぶとか、絵本を読み聞かせるとか、そういうことだけではありません。家事をしている間、好きなだけまとわりつかせてあげることも、心を満たす大事なふれ合いです。

あるお母さんが、こんなことを言っていました。「先生が言うように『ママにつかまっていなさい』と、つかまれるひもを腰につけたんです。でも、わたしの着ている洋服につかまりたい、ひもじゃイヤだって言うんです。こんなにもわたしのことが好きなんですね」と。子どもはお母さんが大好きだから、そばにいたい、まとわりつきたい。そこをわかってあげるといいですね。あと、そのお母さんはこうも言っていました。「そういえばわたしも、恋愛時代には夫にまとわりついていましたね」って（笑）。そういうものです。

自己主張の強い子は、将来が楽しみな子です。できるだけ言うことを聞いてあげてください

料理をしているときなら、ちょっとした踏み台を用意して、台所仕事を見せてあげると

いうのはいかがでしょう。洗濯物を干すときには、「いっしょにおいで」とベランダに連れていきましょう。とくに手伝わせるわけじゃないんですよ。多少はじゃまになるし、足手まといにもなるでしょうけれど、そのくらいはがまんしなくてはいけません。時間をとって何かをしてやることに比べれば、ずっとラクにできるし、習慣になると気にならなくなるものです。それに、子どもだっておもしろくもないと気がついたら、「おもちゃで遊ぶからいいや」なんて言って、だんだん来なくなるものです。

おふろの時間は、どうぞゆっくり過ごしてください。体を洗うというよりは水遊びをしてあげるつもりで、のんびり入りましょう。ママといっしょにいる時間がどんなに短くても、その時間に心が満たされていれば、子どもは明日もがんばれるものです。

最後にひと言つけ加えさせていただくと、「自分でやる」と主張する子は「楽しみな子」ですよ。豊かな想像力や自主性をもった、頼もしい大人になると思います。いい子が生まれてきたんだと思ってください。いい子というものは、育てるのに手間がかかるものなんですよ。

子どもにやさしい態度がとれず、きつくしかってしまいます

（小1と年中と2才男の子の母）

子どもをしかるときに、ついどなり散らしてしまいます。感情のコントロールがきかなくなり、たたいてしまうこともあります。そのため、わたしが何げなく手を上げただけで、子どもは身を守るような姿勢をとるくせがついてしまいました。体罰だけでなく、言葉でもつらくあたってしまいます。「バカじゃないの?」とか、否定的で暴力的な言葉を使ってしまいます。

わたしの父も厳しくて感情的に怒り、体罰を与える人でした。小学校のときは、いじめや盗みをし、中学生になってからは万引きや非行に走りました。

わたしは自分勝手で、長男に末っ子の世話をさせても「ありがとう」も言えません。夫の前でも好き勝手をしてしまい、「ごめんなさい」も言えません。

長男はよくすねてキレる子ですし、次男はすぐに人をたたきます。思いやりのもてない母が子ども3人を普通の子に育てられるのか、いつも不安です。

これ以上、子どもの自尊心を傷つけてはいけません。同じ苦しみをわが子に与えないためにも「ありがとう」「ごめんなさい」から始めましょう

わたしたちは自尊心があるからこそ自分を律することができるのです

子どもをしかることそのものは、悪いことではありません。「それをしてはいけないよ」「そんな言い方、お母さんはイヤだよ」、そんなふうに親の価値観を伝えることで、子どもは「してはいけないこと」を学んでいきます。

でも、そのようなしつけと、自尊心を傷つけることはまったく別のことです。

暴力や暴言は、自尊心を傷つけます。子どもでも大人でも、それは同じです。子どもをたたいて言うことを聞かせたとしても、恐怖によって抑えつけているだけのことです。自

尊心は踏みにじられ、人格そのものを壊されてしまうかもしれません。そしてそれは、成長してからも尾を引くものなのです。

たたかれたり、傷つくような言葉でなじられたりすることがいかに心を傷つけるかは、この方ご自身が十分にわかっています。実際、ご自分も父親にそうされたと書いていらっしゃる。にもかかわらず行動を変えることができないのです。それは、この方の自尊心が低くなっているからだと思います。

「小・中学生のころ、いじめや万引きをした」と書いていらっしゃいますが、非行や犯罪は、自尊心を失った人がしてしまう行為です。多くの人が犯罪行為をしないで生きているのは、「わたしはそんなことをする人間じゃない」という誇りや自尊心があるからです。この方は大切なその思いを、子ども時代に踏みつけられてしまったのでしょう。

子どもの自尊心を大切に育むことの重要性を、わたしたち大人はもっと考える必要があります。自尊心とは「勉強ができる」「スポーツが得意」だから育つものではありません。もちろんそのような側面もありますが、自尊心の根本は、親や周囲の人に「あなたは価値のある人だ」と認められ、大切にされるからこそ育っていくものなのです。

最初は口先だけでかまいません。感謝や思いやりの心は、あとからついてきます

3人のお子さんを心から愛していることは、文面からも伝わってきます。お子さんたちもまた、お母さんを心から愛しています。子どもとはそういうものです。いまからでも遅くありません。愛し愛されることで、ご自分の自尊心を育て直すことができます。

行動を変えるために、まずやってほしいことがあります。それは、「ありがとう」と「ごめんなさい」という2つの言葉を言えるようになることです。

「ありがとう」と「ごめんなさい」は、人と人との信頼を築くかけがえのない言葉です。子どもに対しても、ご主人に対しても、この言葉を言えるよう努力をしましょう。家庭の中には、一日に何度もその言葉を口に出す場面があるはずです。そのつどこの言葉を言わないと、親子の関係も夫婦の関係も、けっしていい形にはなりません。

子どもに何か頼んだとき、下の子のめんどうを見てもらったとき、必ず「ありがとう。助かったよ」と言ってください。子どもは「自分は役に立つ人間なのだ」と、自尊心を高

めることができるでしょう。お母さんがしかりすぎてしまったときや、ひどい言葉を口にしたときは、「さっきはごめんなさい。ママ、イライラしていた」と謝ってください。子どもの自尊心は、それで守られるのです。

こういう言葉は「自然に口から出るもの」と思っていらっしゃるかもしれませんが、言い慣れていない人、とくに自尊心が低くなっている人には本当に難しいものです。だから、ちゃんと意識して言わなくてはいけません。「今日一日で何回言えたか」を、「正」の字を書いていくくらいの努力が必要です。

最初は心がこもっていなくてもいいんですよ。口先だけでもしかたがありません。それでも言うのです。何度も口にするのです。そうすることで「感謝の心」「相手を尊重する心」が、言葉のあとを追いかけるようにして育っていきます。心がゆっくりと成熟していくのです。言葉とは、人間とは、そういうものなのです。

昨日より今日、今日より明日、1回でも多く言おうとしてください。それでも、衝動的にたたいたり、感情的にどなり散らしたりすることがあるかもしれません。そのときは、謝ってください。そして次はもう本当にしないと決意してください。その繰り返しの中で、自分の行動も、家族の人間関係も、確実に変わっていくはずです。

負けず嫌いすぎる上の子の性格をなんとかしたい

（7才と4才男の子の母）

わたしの一番の悩みは、長男の「負けず嫌いすぎる」性格です。負けず嫌いは悪いことではないと思うのですが、わが子は度を越しているのです。

たとえば、父と弟とカルタをしたときのこと。弟はまだ文字が読めず、父も読み手をしていたので、長男だけ調子よくとれていました。上機嫌で自分がとったカルタを弟や父にあげていたのですが、最終的に持ち札を数えると自分の分が弟や父より少ない。いきなり激怒し、わめき散らし、「やっぱりコレは自分の！」と言って、弟が手にしていた札をとり上げました。

ほかにも、自分の思いどおりに事が進まないと文句をつけ、無理やり自分の思いどおりに事を運び、満足しています。まわりは不愉快そうです。これを続けていたら、そのうち友だちがいなくなってしまうのでは、と心配しています。親がどのように対応したら、よい方向に導くことができますか？

負けず嫌いは向上心の源になります。それをありのまま出さないための練習は家庭で気長に、やさしく、続けてあげてください

この子は、ちょっとした負けず嫌い。親の前で悔しがれる、かわいいレベルです

お母さんは「度を越した負けず嫌い」と心配されていますが、わたしはそうは思いませんよ。本当の負けず嫌いは、親の前で負けて悔しがったりしないものです。7才くらいでもそういう子はいます。悔しがる自分の姿を見せることさえ悔しいのです。

この子の場合、素直に泣いたりわめいたりしています。かわいいものです。わたしに言わせると「ちょっとした負けず嫌い」です。

おっしゃるように、負けず嫌いは、悪いことではありません。向上心は、負けた悔しさ

から生まれます。「次はもっとこうしよう」「こうやったら勝てる」という学びの芽になります。手段を選ばず勝とうとするのはよくありませんが、「負けて悔しいという気持ちは悪くない。この思いを大事にしてあげよう」と意識してお育てになるといいと思います。「負けても平気」という子もいますが、「努力しなくてもいい」につながることもありますから、これだって少し心配なものです。

それに、家族の前で悔しがる姿をさらけだせるというのは、心を許している証拠です。この人たちの前なら、どんなみっともない姿をさらしても許してもらえる、嫌われることはないという信頼感があるのです。どうぞ受け入れてあげてください。

弟にあげた札をとり返そうとするのは、確かによくありません。でも、それを厳しくしかってしまうと、負けて傷ついている気持ちをさらに傷つけることになります。そうではなく、「いったんあげたものを返してって言うのはよくないよ。みっともないことだよ」と、やさしく教えてあげればいいと思います。それでも「返せ」と言い張るなら、弟に「お兄ちゃんがこう言っているから返してあげようね」と言ってもいいでしょう。しかる必要はありません。

同じような姿を家の外でも見せるようなら、「悔しがるのは家の中だけにしよう。お友だちと遊んでいるときは、ちょっとがまんしてみようよ」と教えてあげてください。

感情をどうやってコントロールするか親が見本を示してあげましょう

親の目には、「3つも年下の弟にライバル心をもつなんて」と思うかもしれませんが、これはあたりまえのことです。子どもはまずきょうだいで競争し、次に身近な友だちと競争します。競争しながら子どもは成長し、発達するのです。

ただ、競争する気持ちが強くなりすぎると、いびつな優越感や劣等感をもつようになります。優越感や劣等感をゼロにすることはできないのですが、必要以上に大きくしてしまうのもよくありません。親も、子どもが勝ったときに大喜びしすぎない、負けたときに残念がりすぎないことを意識してください。あまりに優越感や劣等感をあらわにする場合には、「お母さんはそういうのはよくないと思うよ」というような言い方でストップをかけるといいでしょう。ときには「お父さんはどう思うかな?」と聞いてみてください。「お父さんは悔しいとき、わざと笑うようにしているよ。そのほうがカッコいい感じがするから」などと言ってくれるかもしれません。人にはいろんな感情があり、負けると悔しいし、悲しいし、恥ずかしい。それは素直な思いです。そのような感情をもつことがいけないのではなく、「じょうずにコントロールすることが大事なんだ」ということを教えてほしいと思います。それができるのは家庭の中だけです。相対的にいろんな価値観を伝えることが、子どもの感情を柔軟に育てることにつながっていきます。

子どもは感情をありのままの状態で表現しますが、成長、発達、成熟の過程で感情を露骨に出さないことを少しずつ学んでいきます。それが早いうちにできる子と、なかなかできるようにならない子がいます。持って生まれた気質もあるでしょうけれど、育てられ方もあると思います。親自身が感情をじょうずにコントロールできていれば、子どももわりあい早く、感情の扱い方を学ぶのではないでしょうか。親が子どもの「子どもっぽい姿」に対して、感情的な対応をすることは控えるように心がけてください。

繰り返しますが、負けず嫌いは向上心に結びつく正直な感情です。家庭の中で感情表現の練習をすませて、それから外の世界に出て行くのが健全な姿なのです。自尊心を傷つけないように注意しながら、あふれる思いを受け止めてください。

かんしゃくの激しいわが子に愛情をもってかかわれない

（6才と3才男の子の母）

6才の息子に対して、愛情をもって接することができなくなってしまいました。

息子は赤ちゃんのころから発達が遅い子でした。生まれたときからかんしゃくがひどく、扱いにくくて苦労しました。近ごろは、息子に話しかけられただけで「息子としゃべりたくない」「うっとうしい」と感じてしまい、ついつい怒り口調になってしまいます。息子が何かできなかったり、言うことを聞かなかったりすると、「あんた、やっぱりおかしいわ」と言ってしまいます。

毎日のように息子がかんしゃくを起こすので、あまりにたいへんすぎて、たたいてしまったときも罪悪感がありませんでした。市の保健センターに相談しても、わたしの気持ちが持ち直すことはありませんでした。

子どもがかんしゃくを起こさなくなる方法はちゃんとあるのです。真の専門家にかかわり方を学びましょう

わたしに相談の手紙をくださったことが深い愛情の証しです

6年間、たいへんな思いをされてきたことと思います。発達の遅れがあり、育てにくいと感じ続けてきたお子さんを、おそらくはたったひとりで（ご主人がいたとしても）支えてこられたのでしょう。

「愛情がもてない」「罪悪感もない」と投げやりな口調で書かれていますが、愛情がないお母さんがこの相談室に手紙を送ってくるはずがありません。そんな言葉を言ったり、書いたりしなければいけないほど、追い詰められていらっしゃるのです。

市の保健センターに相談に行かれたのですね。それなのに気持ちに変化が生じなかった。それは、保健センターが必要な機能を果たしていないのです。本当の意味での専門家がいないのだと、わたしは思います。

まず緊急にしていただきたいことは、本当の専門家のいる機関を訪ねることです。失礼ながら、ご住所を拝見させていただきました。お住まいの都道府県には、子どもの発達障害について信頼のおける国立の大学病院があります。お住まいの場所からは多少距離がありますが、一度そこを訪れて相談してみてはいかがでしょうか。

信頼できる機関には、医師、臨床心理士、ソーシャルワーカーが専門チームを組んで、親子のケアにあたっているものです。受診したら、あなたが思っていること、悩んでいることをどんどん伝えることです。がまんしてはいけません。どうしてほしいか、どの部分を支えてほしいのか、正直に言うといいのです。正しく対応してくださるはずです。

大事なことは、定期的に通い続けることです。大学病院に通えない場合は、近くのクリニックなりセンターなりを紹介してもらうことができます。一度受診したら、必ず次の予約をとりましょう。つながり続けることが何よりも大切です。

行動は、できるだけ早く開始してください。このままでは子どもへの嫌悪感が強くなり、親子関係が不幸なものになりかねません。

アメリカ発の「TEACCH《ティーチ》」を知っていますか

お子さんは「かんしゃく」がひどいのですね。成育歴などを考えると、自閉傾向があるのではないかと思いました。そういう子がかんしゃくを起こさないための、具体的なかかわり方があることをご存じでしょうか。

アメリカのノースカロライナ大学が始めた「TEACCH」という、自閉スペクトラム症の子たち向けの指導プログラムがあります。ティーチの理念は、「自閉症の人たちが、自閉症という特性をもったまま、一般の人たちとともに生きていく」ということです。目の見えない人に点字ブロックが必要なように、車いすの人にスロープが必要なように、自閉傾向のある子にもふさわしい環境が必要なのです。

環境を変えるとは、コミュニケーションのとり方を変えるということです。専門家を訪ねると具体的に教えていただけると思いますが、たとえばこんなことです。

発達障害の子の多くは、話し言葉を理解するのが苦手です。本人はペラペラよく話していても、耳で聞くのは弱いのです。逆に、文字や絵で伝えられたことは理解しやすく、見たものについての記憶も強いのです。絵カードなどを使うと、おもしろいほど通じますよ。何度声をかけても黙々と遊んでいる子に、お茶わんとお箸の絵を描いたカードを見せると、すっと食卓にやってきたという声をたくさん聞きます。

こういう子には、口数の多い育児はよくありません。具体的ではない言葉かけもいけません。「なんでこんなこともできないの。ちゃんとしなさい」なんて、どれだけ言ってもムダなのです。「散らかさないで」ではなく、「脱いだ服は全部持って洗濯機に入れようね」と言うのです。否定ではなく、肯定で。あいまいではなく、具体的に。感情的ではなく、穏やかに。一度に言うのではなく、何度も繰り返すのです。

子どもに変わってもらうのではなく、周囲が変わるのです。「ますます大変になる」と思われるかもしれませんが、そうではありません。車いすの子のために家をバリアフリーにすることと同じなのだと考えてください。発達障害の子は正直で素直ですから、特性に合った穏やかな育て方をすれば、それぞれの子のよさや、かわいらしさも存分に発揮されるはずです。どうぞこれ以上、ご自分とお子さんを責めないでください。

子どもに寄り添うということは 3

見る

子どもを見るということは「見守る」ということです。

はいはいや、よちよち歩きを始めた赤ちゃんは、少しずつお母さんのそばを離れて探索行動を始めますね。観察するとわかるのですが、ひとりで勝手に行ってしまっても、その先で何か不安を感じると必ず赤ちゃんはふり返るのです。そのときに親（やそれにかわる人）が「いいよ」という顔をすると前に進み、「ダメ」という顔をするとストップします。このような行動を「ソーシャル・リファレンシング（社会的参照）」といいます。社会のルールや規律を、他者から学ぶ力です。非行や犯罪に走る子の多くが、乳幼児期に、親などからの見守りがなかったことが、精神医学者のロバート・エムディの研究によりわかっています。それほどまでに、親からのまなざしは大切なのです。

子どもを見てあげてください。見張るのではなく、「見守る」のです。子どもの表情やしぐさから、何を感じているかを読みとってください。そして、その子にしかないかわいらしさや、得意なこと、大好きなものを見つけてください。そんなまなざしを向けられるのは、親だけだという誇りをもって。

第4章

子どもを伸ばす親になるには?

一つでも
得意なことがあれば
人は楽しく
生きていけるのです。

放課後の学びにお金をかけるより、もっと大切なこと

幼児期からの習い事が盛んになって、もうずいぶんたちます。最近の流行は英語なのだそうです。幼いころから英語を習わせないと、正しい発音が身につかないなどという人もいますね。一方で、まずは日本語をしっかり話せるようになるべきだという人もいます。わたしにはどちらが正しいのかわかりません。

少なくともわたしは、幼いころに英語を習ったことはありません。田舎の中学校や高校の授業で勉強しただけです。それでも海外の大学で講義をしてほしいと招かれることがあるので、英語での講義をしています。もちろん発音はよくありませんよ。でも、しかたがありません。「本当は日本語で講義をしたいのですが、みなさんが日本語を理解しないのですから、へたくそですが英語で話させていただきます。ご理解ください」とお断りして、堂々とへたな英語で話しています。劣等感など感じたことはありません。

わたしが子どものころには、スイミングスクールなんてものは、もちろんありませんでした。でも、地方の田舎の村のきれいな川で、水遊びしながら泳げるようになりました。川を横切って泳ぐのですけれど、向こう岸の手前に少し深いところがあるんです。そこを

うまく乗り越えないと流されてしまうかもしれない。それを上級生はちゃんと知っていて、つかまれるようにロープを張ってくれたり、流されないようにそばで守ってくれたりしました。とてもカッコよくて、自分もそうなりたくて、一生懸命に泳ぐ練習をした覚えがあります。

いろんな習い事があり、専門的な教育を幼児期から受けられるのはよいことなのでしょう。けれど、子どものころの川遊びのように、少し年上の子にあこがれて「もっとうまくなりたい」と上達する、そんな場が失われてしまったのはとても残念です。

子ども同士の遊びの中で学ぶことが、お金を出して教わることよりも低レベルなのだとは、どうぞ思わないでください。自由な遊びの中でこそ子どもは、「好き」「やってみたい」「うまくなりたい」という向上心のたねを見つけるのではないかと、わたしは思っています。

子どもに過剰期待していないか、自分をふり返って

「子どもを伸ばす」という視点で子育てを考えたとき、忘れてほしくないことがありま

す。それは、子どもの中には常に「伸びていこう」とする気持ちがあるということです。いつ芽が出るかはその子しだいですが、花の芽と同じで、他者にそれを無理やり引っぱり出すことはできないのです。

親というものは、どうしても子どもに期待してしまうものです。「勉強ができたらいいな」「いっしょにサッカーしたいな」くらいは、誰でも思うでしょう。けれど、そうならないこともあります。「そうだったらいいね。でも、そうならなくてもいいよね。どんなふうに成長するんだろうね」と、そんなふうに考えてほしいのです。

もしも「なんとしても○○大学に入るような子になってほしい」と願っているとすれば、それは親の一方的な期待、過剰期待です。「そのためには△△中学に入れなくちゃ」「では早くから塾を探そう」と動いてしまうのは、過干渉です。このような親の思いが前面に出てしまうとき、子どもの自主性や自律性の発達が阻害されてしまうのだと、そこはどうぞ心に留めておいてください。

期待は一見すると、愛情のような形をしています。事実、親は子どもを愛しているから期待するのです。他人の子どもに期待したりはしません。でも、その期待を子どもが受けとったとき、子どもにとってそれは愛情には感じられないことのほうが多いのです。ありのままの自分を拒絶されたと感じるのです。「いまのあなたじゃダメなのだ」というメッセージになるからです。

ほめすぎず、称賛しすぎず、のびやかに育てましょう

子どもの中には、わりとなんでも要領よくできてしまう子がいます。幼いころから勤勉で、目標に向かって努力することをいとわない子です。こういう子は手がかかりませんし、ほめるポイントもたくさんあります。

そういう子ほど、ほめすぎることを控えていただきたいと、わたしは思います。ほめられすぎる子は、大人の評価を気にしてしまう傾向があります。とくに親が喜ぶかどうかが気になってしまうのです。将来の進路を選ぶときにも、親の希望にかなうかどうかを人生の指針にしてしまい、自分が本当にしたいこと、進みたい道が見えづらくなる傾向があるのです。わたしは臨床の現場で、親の期待という重圧につぶされてしまった「優秀な子」も多くみてきました。高い偏差値の大学に入ったのに、社会の中で生きることができなくなってしまった子も少なくありません。

やればできる子だからこそ、努力を強要せず、努力したことを称賛しすぎず、努力で手に入れた結果も、できるだけ淡々と受け止めてほしいと思います。もちろん、けなしたり否定したりしろと言っているのではありませんよ。「よかったね」「がんばったかいがあったね」と言っていいのです。ただ、ほめ言葉が「もっとがんばれ」というプレッシャーにならないようにと願っているのです。

幼いころに「神童」であっても、多くの人は年齢が上がるとともに「ちょっと器用な普通の人」に落ち着くものです。そうなっても自分を否定せず、「自分は自分。いいところがいっぱいあって好きだな」と思えるように、のびやかに育ててほしいと思います。それこそが親の腕の見せどころなのです。

発達が気になる子こそ、長所を認めてあげてください

過剰期待は「人より優れた子に」という期待だけをいうのではありません。「普通の子であってほしい」という願いもまた、過剰期待なのだと知っておいてください。

人一倍落ち着きがないとか、感情のコントロールが苦手だとか、忘れ物が日常茶飯事だ

とか、漢字が覚えられないとか、発達の凸凹が気になるような子はとくにそうです。「特別に優秀ではなくていいので、普通のことを普通にできてほしい」と親は思います。できない部分にばかり目が行ってしまい、そこをなんとか矯正したいと思うのです。どんな子でも必ず長所と短所があるのですが、こういう子は欠点ばかりが先に目立ってしまうので、長所を伸ばす時期がくる前に自信を失ってしまうことがとても多いのです。

長所を見つけてあげられるのは親だけです。たとえばブロックを組み立てるのがうまいとか、パズルをさせると誰よりも集中するとか、ゲームがうまくなるスピードが誰よりも早いとか、一般的な評価にはつながらないものが多いかもしれませんが、その部分を大事にして育てていってほしいと思います。そこを足がかりに、何かの専門家になったり、一芸に秀でていったりするものです。

弱点がどんなに気になったとしても、「あなたにはこんなにいいところがあるんだよ。だから、弱点なんて気にならないくらい、得意なことを伸ばしていこうね」と言ってあげるといいと思います。発達の不均衡さは、年齢が上がるにつれて少しずつ目立たなくなっていくことが多いのですが、そうなる前に子どもが自信を失わないよう、ていねいに育てる必要があるのです。「この子を守るのはわたしだ」と静かな誇りを持ち、できないことは手伝い、いっしょにやってあげて、失敗はカバーしてあげましょう。

どんな子であっても同じです。子どものうちは好きなことを思いっきりするのがいいのです。苦手なことを克服するよりも、得意なことに熱中するほうが楽しいし、成果も出やすいものです。その過程で「自分はこういう道に進みたい」という希望のようなものも見えてきます。それは子どもにまかせておきましょう。

親の本当の出番は、失敗したときだということも覚えておきたいですね。

もしも人に謝らなくてはいけないことがあったら、親がちゃんと尻ぬぐいをしてあげるから、好きなことを思いっきりやっていいんだよ。イヤになったらやめていいんだよ。だから安心してチャレンジしなさい。そう子どもに伝え、あとは見守るのが「子どもを伸ばす親」なのだと、わたしは思います。

わが子の「苦手」や「不得意」にどう向き合う？

（5才男の子の母）

わたしは子どものころからスポーツも勉強も苦手で、親に「なんで○○もできないの？」「走る練習をしろ」「努力が足りない」などと言われました。

息子もわたしに似て運動神経がよくありません。2〜3才のころ、公園の遊具で同年代の子どもたちと遊ぶ姿を見て確信しました。だからわたしは否定的なことは言わず、「この前よりじょうずになったね！」と肯定的な言葉かけを意識的に続けてきたのです。それが功を奏したようで、5才になったいまは「オレ、走るの速いんだ」「サッカーが得意なんだ」などと言うようになってきました。実際には、そんなに速くもないし、得意にも見えませんが、幼児のうちはこれでいいと思っています。

でも、小学生になってまわりのことが見えるようになると本人も気がつくはず。もしかしたら、勉強や人間関係での「苦手」も目につくかもしれません。親はどうフォローすればよいでしょうか？

子どもの得意や不得意を親が気にするそぶりを見せないことです。ほめすぎもせず、がっかりもせず

「お母さんも苦手だったよ」と言うと子どもは安心するものです

子どもがいくつになっても、得意や不得意を親があまり気にしないでお育てになると、いいですね。友だちに比べて何ができるできないは、子ども自身が自然に感じていくものです。どう感じるかも、子ども自身にまかせておきましょう。子どものほうから「かけっこでビリだった」「友だちにへたくそって言われた」などと言ってきたら、「気にしなくていいんだよ」「でも、あなたはこれが得意だよね」となぐさめてあげるといいでしょう。

誰にでも得意なことと不得意なことがあるということは、ぜひ言ってあげてください。

ご自身も運動が苦手だったようですから、「お母さんも走るのが遅かったんだよ。わたしに似たんだね。でも、絵を描くのが好きなところもお母さんに似ているね」と言ってあげると、子どもは安心します。苦手なことを克服させようと、親が一生懸命にがんばる必要もありません。

わが家の子どもたちも、運動が得意な子、普通の子、苦手な子がいました。その中で、運動の得意な子と苦手な子が同じ野球部に所属していた時期がありました。得意な子はレギュラーとして活躍し、苦手な子は勝ち負けが確定した9回にピンチヒッターで出してもらえる程度でした。そのころ、わたしはやや意識していましたが、子どもが試合などで活躍してもあまりおおげさにほめませんでした。逆に試合で失敗したり、出番がなかったりしたときにも、がっかりした顔はけっして見せませんでした。

ほめすぎない、がっかりしないことは、兄弟姉妹がいるといっそう大切です。よくできる子をほめすぎる、できない子にがっかりする。そうすると、子どもの中に質の悪い優越感、質の悪い劣等感を植えつけることになってしまうのです。できたことを「よかったね」とほめるのはいいのですが、できない子が卑屈になるようなおおげさなほめ方はしないようにと、意識されるといいと思います。

苦手や弱点を抱えたまま子ども時代をやり過ごすという考えもあります

ほめすぎることは、しかりすぎることと同じくらい、子どもを追い詰めることがあるということも知っておいてください。

オリンピックで活躍する選手が、「結果を出せなくて申し訳ございません」とカメラに向かって頭を下げる姿を見たことがあるでしょう。いったい誰に何をわびる必要があるのかと思いますね。日本中でその人よりもじょうずにできる人がいないから出場しているのですから。大きな期待がいかに大きな負担になるかを証明していると思います。

さて、以下は余談です。わたしの息子の中で運動が苦手だった子は、高校に入学してテニスを始めました。息子の学校のテニス部はインターハイに出場するような強豪校で、練習も非常に厳しいのです。息子には無理だろうと思ったのですが、彼は「大好きな友だちがテニス部で、彼らに誘われたから入部したい。試合に出られなくても、いっしょに練習できればうれしいんだ」と言うのです。顧問の先生も「佐々木くんにうちの部はきつすぎるのでは」と心配していらしたので、わたしから「本人がそのように申していますので、おじゃまでなければおいていただけませんか？」とお願いしました。顧問の先生は理解のある方で、快諾してくださり、「みんながグラウンドを3周するところを佐々木くんは1周、というように配慮しますね」とおっしゃってくださいました。

そのような配慮もあって、息子は高校での3年間、部活でテニスを続けることができました。あるとき、家族旅行で宿泊したホテルにテニスコートがあり、家族でテニスをしたことがありました。そうしたら、その子だけ特別にじょうずでした。運動神経のいい子よりはるかにじょうずなのです。こつこつ3年間続けるというのはそういうことなのだと、感動しました。

息子は運動が苦手ながら、一生楽しめるスポーツを手に入れたのです。いい学校のいい部活動と出合えて、本当によかったと感謝しています。

人には誰しも、得意なことと不得意なことがあります。長所は長所として発揮しつつ、弱点や苦手があっても、それを持ち合わせたまま、弱点が目立ちやすい時期をやり過ごすのがいいと思います。大人になれば、走るのが速いかどうかなど、誰にもわかりません。走るより自転車に乗ったほうが、ずっと速くて便利なのですから。

ほかの子と比較してしまう

（6才男の子・1才女の子の母）

　息子がスイミングスクールに通い始めた1カ月後に、同じ保育園の子2人も入会しました。その子たちは2カ月に一度の進級テストで、2級いっぺんに進級（飛び級）しています。でも息子は1級ずつの進級です。彼らに「よかったね」と言う自分の顔がひきつってしまい、しかも「なんで○○できなかったの？」と、息子にくどくど言ってしまいました。それでも息子は「ママ、応援ありがとう」と言ってくれ、気をつかわせている自分がイヤになります。

　わたしは保育士をしており、研修で佐々木先生のお話を伺ったこともあります。にもかかわらず、母親としてはうまくいきません。わたしは昔から、自分と他人を比較して「自分はダメだ」と思う人間でした。わが子にそれはしたくなかったのに、やはり同じです。来年は小学生になり、成績、運動会など比較する相手も増えます。今後も息子を傷つけてしまうのではないかと思うと、怖くてたまりません。

お母さんの「自信のなさ」が心配です。わが子のありのままを認めるには自分自身を認めなくてはいけません

「結果がよくても悪くても、うちの親は気にしない」と子どもに思い込ませてください

保育士でも学校の先生でも小児科医でも同じです。「先生」として子どもと向き合うのがじょうずな人でも、自分の子どもにはうまくいかないという人は案外多いものです。精神科医の子どもが精神を病むというケースもあるのですから、「保育士なのに」とご自分を責める必要はまったくありません。それは別の話です。

さて、スイミングスクールで、保育園のお友だちとわが子を比較してしまうというご相談ですね。この方は、幼いころから自分と他人を比較して自分を責めるくせがあり、その

気持ちがわが子にも向かってしまうことを自覚していらっしゃる。

「比較してしまう」というのは劣等感の裏返しです。比較して「人より優れている」と自信をもつこともあるかもしれませんが、それは非常に薄っぺらな自信であって、本当の自信とはほど遠いものです。本当の自信とは、「自分は自分であるだけで価値があるのだ」と、自分の存在を肯定できる気持ちです。何ができる、できない、ではないのです。

わたしは、このお母さん自身が、親に比較されて育ったのではないかと感じます。「自分はどんな自分でもいいのだ」という自己肯定感を、十分に育てられないままお母さんになってしまわれたのではないでしょうか。

息子さんへの態度を変えたいのであれば、「一生懸命にやればそれでいい、結果は問わない」と決め、実際にそのようにふるまうことをしなくてはいけません。心の中は喜んだり、悲しんだりしていても、顔にも口にも出さないでください。子どもが「うちの親って、本当に気にしないんだ」と、とことん信じ込むように。

わたしもそうしていました。息子たちが学校でもらう通知表には、意識的に興味を示しませんでした。よくても悪くても、「そうか、がんばったね」とハンコを押しておしまいです。しからないのは当然ですが、さほどほめもしません。成績のよさや悪さに親が一喜一憂する姿を子どもに見せないと決めていたからです。

子どもはみな、努力しているのです。最善を尽くそうとしているのです。その結果なのですから、よくても絶賛する必要はないし、悪くてもしかる必要はありません。そして親が絶賛しようとしまいと、子ども自身の喜びや誇らしさに変わりはありません。

もしもお子さんがスポーツ選手として生きていく道を選ぶのでしたら、話は違ってくるでしょう。他者と比較することも必要になるかもしれません。でもそうでないなら、本人が「ぼくは一生懸命やった」と思えれば、それでいいのではありませんか？

「スイミングスクールは、泳げるようになるために行くところ。泳げるようになるのが早くても遅くても、そんなの関係ないんだよ」と、そんなふうに話してあげてください。

自分と夫のどんな長所を受け継いだ子なのか言葉にしてあげてください

子どもには、それぞれに持ち味がありますね。のんびりな子もいれば、負けず嫌いな子もいます。それを「いい味わい」にしてあげるのは、「あなたはあなたのままがいいんだ

よ」と、親が思ってあげることです。子どもに努力を強いるのではなく、親がそう思えるように努力するのです。

お子さんは、あなたとご主人のどんないい面を受け継いでいるのでしょうか。まずそんなところから話してあげるといいですね。「やさしいところはパパに似ているね」「歌が好きなのはママに似ている」「走るのが速いのはパパ似だけれど、パパは6才のときには泳げなかったんだって。そこはあなたのほうがすごい」というように。

そのためには、お母さんが自分や夫のいいところを認めていなくてはいけません。自分の悪いところばかりを見ている人は、他人の悪いところばかりが見えるのです。自分を肯定できる人は、他人を肯定できる人です。

お母さん、自分に自信がありますか？　子どもを「いい子」「優秀な子」に育てて自信をつけるのではありませんよ。自分自身の生き方に自信をもつことが大事なのです。人は誰だって、弱点や欠点をいくつも抱えているものです。そこを気にしすぎず、人間はそういうものなのだと割り切って、自分なりに努力して、「いつかこういうことができるようになりたい。がんばろう」と思えることが、自信のある人の姿だと思います。

そして、子どもにも伝えてください。「いまはできないことがあるけれど、いつかできるようになるといいね。もっとこんなこともできるようになるといいね。そのときを楽しみに待とうね」と。

わたしがカナダに留学していたとき、担当の医師に「自己肯定感を高めなさい」と言われました。「自分の中に肯定すべき部分がどれほどあるかを、静かに見つめて、かみしめておくといい。そうでないと、他者を肯定する力はわいてこないものだ。そして、他者を肯定する力がない人間は、子どもの精神科の医師になってはいけない」と、そう言われました。保育士も同じです。学校の先生も同じです。もちろん、親もそうです。

わが子の長所を見つける前に、まずは自分自身の長所を静かな気持ちで探してみてください。そして次に、夫という身近な人の長所にも目を向けましょう。いい部分がちゃんとわが子に受け継がれていることもわかると思います。

そしてどうか「この子はいい子だ」と信じてください。「わたしの子だから、夫の子だから、いい子に育つに違いない」と。そうすることで、子どもは親が思うように育っていくのです。この子はいい子だ、こういうところがすばらしいと、そう日ごろから思っていれば、必ずそういう人になっていきます。人間とはそういうものです。

習い事をやめたいと言うのですが……

（小1女の子の母）

1年ほど前、娘は「バイオリンを習いたい」と言い始め、サンタさんにも「バイオリンをください」とお願いしました。その気持ちを応援したくて、習わせることにしました。発表会も経験し、それなりに曲を弾けるようになったのですが、最近は「めんどうくさーい」と言うようになり、家での練習も途中でやめてしまいます。

習い事はほかにも、スイミングと学習塾に週1回ずつ通っていますが、それらは楽しみなようです。最近は「テニスをやってみたい」と言います。

習い事は「やらなくてはいけないもの」ではないので、本人がイヤがるのに続けさせるのはナンセンスという気もします。しかし、せっかく1年も続けたのに、途中で投げ出してしまったら、根気のない子に育ちそうです。「楽器は何かしらできたほうがいい」という親の願望もあるのも事実です。やめさせていいのでしょうか。

教えたいのは「音楽は楽しい」ということ。じょうずに弾けるようになることより楽しさを伝えてくれる先生を探してみては？

「いま、この教室で、楽しむことができればいい」そんな教え方をする教室もあります

おっしゃるとおり、習い事は「やらなくてはいけないもの」ではありません。まだ小学1年生ですし、興味の対象が変わることもあるでしょう。本当に好きなものを見つける過程ですので、習い事を変えることがあってもいいと、わたしは思います。ただし、それも1、2回が限度で、またすぐ「やめたい」と言うのであれば、習い事をさせること、そのものを見直すべきでしょう。教室で習うことだけがすべてではありません。

ところで、この子は本当にバイオリンが嫌いになったのでしょうか。音楽の習い事には

毎日の練習がつきもので、レッスンの前には課題を弾けるようにならなくてはいけないという教室が多いですね。家での練習はどうしても親のチェックが入りますし、サボることもできません。それでめんどうになり、やめたくなっているのかもしれません。

わたしの家内は幼いころからピアノを習い、音楽大学に進学し、いまは音楽療法のボランティアをしながら家でピアノを教えています。家内は「音楽をいま、この教室で、この子が楽しむことができればいい」という教え方をしているので、自宅での練習を強要していません。家内はよくこう話しています。

「わたしは本当に音楽の道に進みたいと思っていたから、厳しい先生でもがまんできた。でも、うちに習いに来る子たちは、音楽を楽しみたいと思って来る子が多いでしょう？だったら先週のレッスンのあと、何も練習しないでここに来たとしても、ここで練習して、ここで少しうまくなって、『楽しかった。また来週も来よう』と思ってくれればいいの。わざわざ来てくれた子を、音楽嫌い、ピアノ嫌いにさせないようにしたいんですよ」

そのとおりだと、わたしも思います。生活の中に音楽があるというのは、そして豊富にあるというのは、人生の彩りを豊かにしてくれると思うからです。

多くの習い事をすることが負担になっている可能性もあります

話は少し飛びますが、人間はどんな民族や人種でも、固有の言葉をもっていますね。文字をもたない民族はいても、言葉は必ずもっています。ついで、固有のお酒もあります。言語が違えばお酒も違うのだそうです。そしてもう一つ、固有の音楽もあるといいます。そこには必ず踊りもついてきます。言葉とお酒と音楽。これは人類の条件のようなものだというのですね。わたしの場合は、お酒はなくていいのですが（笑）。この3つは人間にとってとても大切なものだと思います。

お亡くなりになった著名な指揮者・岩城宏之氏がこうおっしゃっていました。

「音楽は誰もが好きだ。ところが、学校に入って音楽教育を受けて、音楽を嫌いになる子が過半数いる。誰でも音を楽しめるのが音楽なのに、嫌いにさせてしまう音楽教育がなされてしまっている」と。確かにそうかもしれません。

わたし自身、音楽が大好きです。高校時代には、野球部とかけもちで合唱部に入ってい

ました。雨が降ったら歌を歌い、晴れたらバットを振りました。野球はいつも1回戦負けでしたし、歌もうまくはなかったのですが、とにかく楽しかった。音楽もスポーツも、本来はそういうものではないでしょうか。人生を彩る楽しさの、一つの要素なのです。

サンタさんにお願いしてまで習いたかったバイオリンです。やめさせてしまうのは少しもったいないと、わたしも思います。この子に合った教室なり、先生なりをもう一度探してみてはいかがでしょう。もっとゆっくり、もっと楽しく、「この前できなかったことが、いまできたね」と、じょうずに教えてくれる教室なら続けられるかもしれません。

そして、もう一つ提案があります。この子はほかにも塾とスイミングスクールに通っているのですね。週3回、違う習い事をするのは少したいへんなのかもしれません。小1であれば、週1回、多くても2回で手いっぱいになりがちです。この子が「どれか一つを減らしたい」と思っていて、それがバイオリンであるなら、やむを得ないでしょう。

「やめてもいいよ。でも、またやりたくなったらいつでも言いなさい。また習わせてあげるからね」と言ってあげるといいと思います。そんなことを言ったら、平気でやめたり再開したりする子になるのでは? などと心配する必要はありませんよ。子どもなりに「やめる」ことの是非は考えていますし、小さな挫折も味わっているのですから。

テレビが大好きで宿題をしません

（小1男の子・3才女の子の母）

長男は小学校に通うようになってから、いろんなことをめんどうくさがるようになりました。宿題になかなか手をつけず、わたしから「そろそろやったら？」と言われると「わかってる！」と答えるのですが、結局、いつまでもやらないので時間がなくなり、パニックになって暴れるのです。調子がいいときは、時間配分を自分で考えてスムーズに進むのですが、そういう日はめったにありません。

テレビが大好きで、ほうっておくと一日ずっと見てしまいます。朝1つ、夜1～2つ、曜日ごとに見る番組を決めさせ、1日1時間以内に抑えるようにしています。ただ、娘の見る番組は違うので娘が見ていると、息子はそれもいっしょに見てしまい、結局は時間がなくなって宿題ができず暴れる……という、いつものパターン。息子はもっとわたしに甘えたいのだと思うのですが、下の子がわたしを独占したがるので、息子と2人の時間がつくれません。

テレビのほかに、楽しいことはありますか？
ひとりぼっちで勉強させるのではなく
1日30分でいいから「家族いっしょ」の時間を

勉強は「好きではないけどイヤでもない」という程度の気持ちにしてあげましょう

小学1年生の子なんて、たいていそんなものですよ。宿題が楽しくてサッサと片づけてしまう子なんて、そんなに多くはありません。この時期は、「好きではないけどイヤでもない」くらいの気持ちで宿題ができるようにしてあげることが大事なのです。

「そろそろやったら」なんて言うだけでは、なかなか始めないでしょうね。大きな声を出してしかりつけてやらせる、というのもまちがいです。お母さんが隣に座って、勉強を見てあげるのがいちばんいいのです。お母さんは隣にいるだけで、家計簿をつけたり手紙を

書いたりするのでもかまいません。妹さんもいっしょに並び、お絵描きをさせましょう。テーブルを3人で囲んで「みんなで勉強しよう」と言えば、「イヤではない」くらいの気持ちで宿題にとりかかれるものです。

「親が手伝ってあげたら、自分でやろうという気持ちが育たないのでは？」と言う人もいますが、わたしはそうは思いません。妹はテレビを見ているのに、自分だけお母さんにガミガミ言われ、ひとりで机に向かわなくてはならない状況を考えてごらんなさい。「小学生になんてならなきゃよかった」「勉強なんて嫌い」という気持ちになってしまいます。勉強はつまらないもの、がまんしてやらなくてはいけないものだと思い込むでしょう。

大事なことは、「勉強がイヤではない」という気持ちを育てることです。それさえできれば、時期がきたらひとりでも勉強します。中学生や高校生になれば、親が手伝おうにも手伝えませんから、せいぜいそれまでの話です。

テレビの見すぎも心配していらっしゃいますが、これも同様の方法で解決できますよ。つまり、テレビを消して、みんなでボードゲームやトランプをするのです。

わが家ではよく、家族みんなでトランプをしましたよ。絵本もたくさん読んであげました。テレビを規制したことはありませんでしたが、誰もテレビを見たいとは言わないのです。お母さんやお父さんといっしょに遊ぶことのほうがずっと楽しいからです。

小学生になれば本くらい自分で読めますが、「テレビを見てないで本でも読みなさい」と言ってもダメなんです。でも「本を読んであげるから、こっちに来ない？」と言えば、喜んでやってくるでしょう。下の子もいっしょに楽しめる本を読んであげてください。

家事も仕事もいったん全部やめて家族で過ごす時間を楽しむ

下の子は、お母さんをひとり占めしたがるそうですね。でも、「3人で勉強だよ」「3人で本を読もう」と言えば、「お兄ちゃんだけ向こうに行って」と言うことはないでしょう。そのうち、お母さんと2人っきりよりも、家族みんなで楽しい時間をもつほうがうれしいと思うはずです。ママだけではなく、お兄ちゃんと遊ぶことの楽しさにも気づくかもしれませんよ。

ただ、一つだけ大事なことがあります。それは、お母さんがイヤがりながらやらないということです。心から家族の時間を楽しんでください。食器を片づけなくちゃ、おふろに入れなくちゃ……いろいろあるでしょうけれど、それらを全部あと回しにして、その時間を楽しんでください。楽しさは、その場にいるみんなが「楽しい」と思わないとつくられないものです。

お兄ちゃんは小学校に入ったばかりで、心が不安定になっているのだと思います。お母さんや妹、そしてときにはそこにお父さんも加わって、家族で楽しい時間を分かち合えるようになったら、イライラや不安定な気持ちも少しずつ治まってきます。心が落ち着いてくるのです。

1日たった30分でかまいません。その時間は、親が体を使って、心を配って、子どもに「勉強は楽しい」「テレビよりおもしろいことがある」と気づかせてください。

日本の家族は、どこかに出かけるとき以外、家族いっしょに何かをすることがほとんどないのだそうです。家の中では、みんな別々のことをするのですね。もちろんそんな時間も必要なのですが、ほんの短い時間でも、家族いっしょに何かを楽しんでください。親にとってもいい思い出になります。

発達障害の子をどう伸ばしていけますか?

（小2男の子・3才女の子の母）

幼稚園のころに、息子はアスペルガー症候群（自閉スペクトラム症）という診断を受けました。成長するにつれ軽度になってきたため、臨床心理士さんと相談のうえ、周囲には公表せず、学校にも「季節休みに発達の受診をしています。○○するのが苦手な子です」とお伝えするにとどめています。

普通学級に在籍していますが、一斉指導の指示が通りにくいことはあるものの、学力も高め、友だちもいます。最近、わたしを通さず友だちと約束することもあり、少し前までは欠かさなかった「予告」「フォロー」ができにくくなってきました。息子もわたしが段取りすることをうっとうしく感じてきているようです。とはいえ、まだまだ空気が読めず、次に何をするか気づけず、自分の話したいことだけ話すという部分は変わっていません。それでももう小2なので、ある程度親は引いて、自分で折り合いをつけさせるほうがいいのでしょうか。

発達障害でも、そうでなくても
自分のしたいことを決めるのは子ども自身。
親は子どもの後ろで支え、応援するのです

〝この子がこの子のままで幸せに暮らせる〟
そのことを第一に考えてあげてください

「アスペルガー症候群」とは、発達障害の一種です。自閉症の特性をもちながらも、知的な遅れがなく、おしゃべりも自由にできることが多いものです（※編集部注・現在では自閉症とアスペルガー症候群を分けることなく、「自閉スペクトラム症」もしくは「自閉スペクトラム障害」と呼ぶようになりました。ここでは相談時の表現のままとします）。普通学級に通うお子さんも多く、対人関係やコミュニケーションで、ほかのお子さんとトラブルが起きることもあります。

でも、このお子さんは学校で楽しく過ごしていらっしゃるのですね。お母さんはアスペルガーへの知識も豊富なようですし、子どもの幸せのために本当にがんばってこられたのだと思います。そのような方だからこそ、大事なことを申し上げます。

アスペルガーの子でも、そうではない子でも、成長すると「できること」が増えていきます。親は「こんなことも、あんなこともできるようになった。だから、アスペルガーの特性は軽くなっている」と思いたくなります。しかし、空気が読めない、相手の考えていることを察知できないというアスペルガーの特性は、大人になってもあまり変わらないのです。「できることが増える」ことと、「アスペルガーが軽くなる」こととは別なのだ、と理解してください。

このお母さんは、「今後の子どもとの向き合い方」について質問されていますが、「アスペルガーが軽度になる」という変化に期待を寄せるのではなく、この子がこの子のままで幸せに暮らせることを第一に考えてほしいと思います。もし親が「ここさえ直せば、この子は普通の子と同じだ」「苦手なことを努力や訓練で解消させよう」という気持ちになってしまうと、子どもは苦しみ、親との関係をわずらわしく思うでしょう。「苦手を克服させたい」と願う気持ちの切実さは、とてもよくわかります。けれど、その思いを見せないようにして、得意なこと、好きなことを伸ばすように応援してほしいと思います。

アスペルガーの子というのは、能力的に劣っているのではありません。能力に凸凹があるのです。苦手があるぶん、得意も突出しているものです。そこをちゃんと見てあげれば、本当の意味で大成すると思います。もしも子どもの得意なことが親の希望する進路とかけ離れていたとしても、親の希望を押しつけるのではなく、子どもの希望に寄り添ってください。残念ながら発達障害の有無にかかわらず、多くの親は自分の希望に子どもを添わせようとします。それで、思春期の親子関係はうまくいかなくなるのです。そこをどうぞ忘れないでください。

このお母さんは「予告とフォローができにくくなった」と書かれていますが、「親が期待する結果になるような予告」や、「親が期待しない結果へのフォロー」になっていないか、どうぞ見直してみてください。お母さんはもう、前に立って子どもを引っぱるのではなく、後ろから押してあげる時期に入ったのです。やるべきことや、行きたい方向は子どもも自身が決めるのです。親はそれを応援して、道を踏みはずさないよう後ろから支える、そんなイメージでいるといいですね。

アスペルガーの特性とその子の長所を ていねいに愛情を込めて本人に伝えましょう

お子さんがアスペルガーであることを、学校やクラスメイトなど周囲に伝えるかどうかは、親御さんのお考えでいいと思います。話しても話さなくても、わたしはかまわないと思います。でも、お子さん本人には伝えたほうがいいかもしれません。

わたしの友人にアスペルガーのお子さんをもつ方がいるのですが、その方は、息子さんが小学校に入るときに、本人にアスペルガーであることを話したそうです。二度目は小学校高学年のときに、そして20歳の誕生日のときにもう一度言ったそうです。その年齢に合わせて言葉を選び、20歳のときには「もうこれで最後にするからね」と、ていねいに愛情を込めて話したそうです。

きみは、こういうことはできるでしょう。こういうことは得意でしょう。けれど、こういうことがわからなくて困ることがあるでしょう。でも、得意なことは人よりずっと優れているんだから、そこを伸ばしてほしい、と言ったそうです。わたしもそれはとても重要なことだと思います。

そのお子さんはいま、コンピューターを使った仕事をしているそうです。「世界中にはさまざまな仕事があるけれど、いちばん好きでかけがえのない仕事に巡り合えた」と言っているそうです。同僚にも恵まれているのでしょうね。

そのような仕事につけるよう、どうぞお子さんの「得意」「好き」を見つけ、伸ばしてあげてください。

子どもに寄り添うということは 4

笑いかける

多くの人は、子どもをもったことを幸福だと思っています。でも、その思いを子どもに日々伝えている人はあまりいないようです。

I'm happy to see you.（あなたに会えて幸せです）

欧米の人は、こんな言葉をさらりと口にしますが、日本人はなかなか言えません。でも、言えなくてもいいのです。お母さんやお父さんが笑顔でいてくれれば、子どもは「ぼくと（わたしと）いっしょにいると幸せなんだ。楽しいと思っているんだ」と理解します。

よく「人の気持ちを考えろ」と言う人がいますが、他者の悲しみや苦しみを理解できる人になるためには、まず誰かと十分に喜びを分かち合う体験が必要です。それができて初めて、今度は悲しみや苦しみといったマイナスの感情も分かち合えるようになるのです。笑顔が子どもの情緒を豊かに育てるのです。

たくさんの人に笑いかけてもらってください。子どもをたくさん笑顔にしてください。喜びや楽しさを分かち合う経験が多ければ多いほど、子どもは幸せな子になるはずです。それでも、「お母さんの笑顔ほど、子どもを喜ばせるものはない」ということも、どうか忘れないでください。

第5章

思春期になる前に

雑多な体験ができるのは
小学生の特権です。
きれいなものも汚いものも
全部拾って帰ってくれば
いいのです。

「反抗期」は子も親も成長できる、よいチャンス

いわゆる「反抗期」と呼ばれる時期があります。最初は2〜3才のころです。「イヤイヤ期」なんていうようですね。急速に自我が発達してきて「もう自分でやれるんだ」と主張し始めます。次の反抗期は、就学前後のころにやってきます。生活が大きく変化し、活動範囲も広くなります。親にあれこれ口出しされたくないという気持ちも強くなります。そして最後が、12〜13才の思春期のころです。このころになると体つきも変化し、人間関係も複雑になります。自立に向けての一歩を踏み出す時期にさしかかったと考えていいでしょう。

反抗期というのは、子どもが急速に成長する時期でもあります。実力以上のことを精いっぱいやろうとしますから、親にとっては危なっかしく感じられるのですけれど、だからこそ大きく成長するのです。押さえつけず、やめさせず、子どもを信じて見守って、危険をできるだけ回避できるような手立てを尽くすようにしてください。

ときには親の心が傷つくような出来事もあるかもしれませんが、「こんな言い方をするようになったのか」と、思うとおりにならなくなったわが子を「かわいい」と思えるよう

に努めてみてください。親を信頼しているからこそ反抗し、その中で自主性や主体性を育てているのです。ピッチャーのどんなボールをも受け止められる名キャッチャーになった気持ちで、子どもを受け止めてください。親として、人間として、成熟していく機会でもあります。

いじめは学校で起きますが、おおもとは家庭にあります

そういう意味で、小学2年生から4年生ごろまでの「プレ思春期」は、穏やかな年齢かもしれません。就学前後の混乱を乗り越え、嵐の思春期を前にした凪《なぎ》のような時期です。にもかかわらず、悩み相談は案外多いのです。その多くは学校での人間関係です。「学校に行きたくないと言う」「先生が怖いと言う」「お友だちとの関係が気になる」など、さまざまな悩みが寄せられます。なかでも多いのは、いじめに関する質問です。

あるお母さんの手紙に、こんなことが書かれていました。

「わが子がいじめられたらどうしよう、ということだけでなく、どうすればいじめをしない子、いじめを止められる子になるのでしょうか」

このような親の姿勢は、とてもすばらしいと思います。なぜなら、いじめない子、いじめを止められる子になるためには、親子関係がとても重要だからです。

大阪市立大学名誉教授の森田洋司さんは、いじめについての研究で広く知られている方です。その中に、いじめと親子関係について調査したすばらしい研究があります。

全国の小5から中3までの子どもに対して行った調査によると、クラスでいじめが起きたとき、子どものとる態度は大きく3つに分かれるといいます。もっとも多いのが無関心です。見て見ぬふりをするグループで、これが大多数です。次に多いのは、なんとかいじめをなくそうと努力する子たちです。一部ですが、いじめられている子をかばったり、先生に相談したりする子たちがいます。そしてもう一つ、いじめに加担し始めて、エスカレートさせてしまう子も少数ながらいるのだそうです。

この子たちに、親との関係についても質問しています。その結果、「いじめを止めよう」とするグループの子は「親との関係がいい」、あるいは「非常にいい」と答えています。一方で、「いじめに加担する」と答えた子の多くは、「親との関係が悪い」「非常に悪い」と答えているのです。

いじめは学校で起こっていますが、けっして学校だけで解決できる問題ではないことが、この結果からわかります。問題のおおもとは家庭にあるのです。

「プレ思春期」は親子関係を見直す、最適な時期

いじめをしない子、いじめに立ち向かえる子に育てたいと思うのであれば、お子さんといい関係を築くことが何よりも重要になります。お子さんが親を信じ、「ぼく（わたし）は親のことが好き」と思えるように育てることです。

親子関係は、人間関係の基本です。この関係に満足し、喜びを感じていれば、同じクラスの子が苦しむことに屈折した喜びを得る子には絶対になりません。

では、どうすれば子どもは親のことが好きになるのでしょうか。それは親自身がまず、わが子のことが大好きでなくてはいけません。ダメなところ、悪いところを見るのではなく、いいところをちゃんと見てあげて、「あなたのことが大好きだ」と伝えることです。「いい子でなくちゃ好きにならない」というのではいけませんよ。

そしてどうぞ、子どもが喜ぶことを、喜んでしてあげてください。子どもの望むことを望むようにしてあげることを、恐れないでください。幼児期を過ぎても、少し大人びた顔

をするようになっても、「この子の喜ぶ顔を見ることが、わたしの最大の喜びなのだ」と、そういう気持ちで子育てをしていれば、子どもは必ずお母さんが大好きになります。

しかし、現実には「親が喜ぶことを子どもにしてもらおう」とする親が多いのも事実です。子どもが小学生くらいになるとなおさら、「もっとしっかりしてちょうだい」「自分のことは自分でやってね」「勉強も習い事もしっかり」と、親は過剰に期待しがちです。もちろん親は子どもに期待するものですし、「こうであってほしい」と願うものです。しかし、その気持ちをできるだけ抑えて、ありのままのこの子がかわいいのだと、そう思って子育てなさってほしいと思います。

幼児期にこのような気持ちを十分に伝えられていれば、プレ思春期のころは子育てがとてもラクになっていると思います。もし「この年齢になっても、なんでこんなに手がかかるのだろう」と思うことがあるとすれば、幼児期に不足があったのだと思ってください。期待しすぎず、できないことは手伝い、教えるべきことは穏やかにやさしく何度でも繰り返して伝えるという、しつけの原点に戻ってください。この時期にちゃんと見直しができれば、思春期の嵐も、さほどの苦労なくやり過ごせると思います。

友だちから学ぶことの意義を軽視してはいけません

小学生時代に何がいちばん大切かと問われれば、わたしは迷うことなく「友だちと遊ぶこと」だと答えます。それもできるだけ多くの子とかかわらせたいのです。乱暴な子、内気な子、自分勝手な子、年齢の違う子、家庭環境の違う子、どんな子からも学ぶことがあります。この時期に友だちから得た「学び」が、将来、社会に出たときにどれだけ役立つか、はかりしれないほどです。

単に知識や経験を増やすだけなら、大人から学ぶだけでもいいかもしれません。しかし、自分が得た知識や考えたことを友だちと分かち合うとき、相手の受け止め方でそれは何倍にもふくらんだり、新しい何かに生まれ変わったりするのです。同様に、友だちから与えられ、教えられたことは、大人から学ぶそれとはまったく違う輝きを放つのです。

社会の中で生きるということは、自分の持つ道具や知識や生活体験を、社会の人々と分け合うということです。得意を生かし、できることを分担し、頼り頼られてわたしたちの社会は成立しています。その疑似体験を子どものときにできた人は、大人になったときによい仕事をします。社会に貢献できることを自発的にするように、きっとなるのです。

人と交わる力の根底にある「信じる力」

自然に人と交わることのできる人に共通するのは、「人を信じる力」をもっている、ということです。この力はいつ育つのかというと、赤ちゃんのころからでしょう。「ママは泣いたらあやしてくれる」「おなかがすいたらミルクをくれる」と信じるから、赤ちゃんは泣くのです。そして実際に親はそうしてくれるので、親子の間には強い信頼関係が築かれるのです。成長にともなって信頼の対象は、祖父母や親戚、園や学校の先生たち、そして友だちへと広がっていきます。人を信じる力が着実についている証拠です。

一方で、「人を安易に信じていいのか?」という議論もあります。子どもを狙う事件が起きると必ずそう言われます。でも、大丈夫です。人を信じる力は、信じられない人を見分ける力でもあるのです。信じるべき相手をちゃんとわかっている人は、やみくもに人を信じたりはしません。逆に信じる力の弱い人ほど、信じてはいけない人を信じてしまう傾向があります。信じる力の源は、親子の信頼関係です。もしそこに不安がある場合には「子どもの望みをできるだけかなえる」という原点に立ち戻りましょう。

価値観の異なる家庭の子とのつきあい方に悩みます

（小3と小1男の子の母）

幼稚園では、似たような考え方のママが多かったような気がします。けれど小学校に行くようになり、親の考え方の違いや、生活の違いがはっきりしてきました。

とくに気になるのは、母親が働いているご家庭のお子さんです。子どもだけで家にいる子もいて、野放しにされているという印象があります。遊び場を求めてわが家にやってきたり、親から渡されたお金でおごってくれたり。すべてが「悪いこと」とは言えませんが、生活上のルールやお金の使い方などに、親が責任をもっていないように感じるのです。

年齢とともに親の目が届かなくなり、いいことも悪いことも友だちから学ぶようになります。「あの子と遊んじゃダメ」とは言いたくありませんが、親はどうやって見守っていけばいいのでしょうか。

小学生時代はどんな子とでもつきあわせましょう。それでも最終的に深くつきあう友を選ぶとき、規準になるのは親の価値観です

さまざまな育ちの子と交われることが小学生の特権です

小学校には、いろんな子どもがいます。乱暴な子、おとなしい子、運動が得意な子、勉強が得意な子、勉強が嫌いな子……。さまざまな子と交われることこそが、小学生の特権であり、小学生のすばらしいところです。どの子にもいい面と悪い面があり、子どもたちはそこから何かを学び、自分もまた教えるのです。著名な心理学者や精神科医は、みな言っていますよ。子ども時代の雑多な人間関係の中で、人は社会性を身につけるのだ、と。

しかし残念なことに、意識せずいろんな子と交われるのは、小学校の低学年から中学年

くらいまでの非常に限られた時期だけのことです。思春期以降になると、「類は友を呼ぶ」といいますか、価値観、趣味、話が合う友だちとしか交わらなくなるのです。そのときに友だち選びの規準になるのは「親の価値観」です。自分の両親のもつ文化や考え方を規準にして、子どもは友を選びます。それは、ほぼ確実です。

ご相談者のお子さんは小3と小1です。まだ雑多な人間関係を楽しめる年齢ですから、お母さんは「どうしてタイプの違う子と仲よしなのかな」と思うかもしれません。でも、これがすばらしいことなのです。雑多な人間関係があるからこそ、人を見る目が養われ、どんな人とでも交われる能力を身につけていくのです。

いまは、どんな友だちもすべて大切です。おっしゃるように「あの子と遊んではダメ」なんていうことは言わなくていいのです。いえ、言ってはいけないのです。

ときには、親が眉をひそめるような行動をとることもあるでしょうし、お金の使い方で友だちの悪い影響を受けるようなこともあるかもしれません。そんなときは、「お母さんはそんなふうにお金を使うのはいけないと思う」「そんな考え方は嫌い」と言ってかまいません。ほかの子がいくらお金を使ったとしても、それはその家庭の価値観の問題です。けれど、わが家はわが家。しかるのではなく、穏やかに、しっかりと「わが家の価値観」

を伝えることです。ここが大事です。その規準がはっきりしていないのなら、すぐにでも夫婦で話し合いましょう。あいまいにしたまま、「価値観の違う子とはつきあわせない」と引き離すことが、いちばんいけないのです。

「人間関係の絶対量」が不足していると社会に出たときに人と交われない

いま、日本ではおびただしい数の人が引きこもっています。せっかく就職しても、2〜3年で辞めてまた別の仕事を探し、定職につけずにいる若者もたくさんいます。彼らは、仕事ができないから続けられないのではありません。人間関係がつくれないのです。就職したばかりの新入社員は、仕事ができなくて当然です。それでも、先輩に教えてもらい、新人が入ってきたら教えてあげて、人間関係の中で少しずつ仕事を覚えて続けていくものなのです。それができなくなっているのです。

その背景にあるのは、子ども時代の人間関係の絶対量の不足ではないかと、わたしは思います。社会にはいろんな人がいます。親が求める品行方正な子とばかり遊んでいたのでは、品行方正な人が集まる場所でしか働けません。どんな人とでも交われる人に育てたいのであれば、どんな子とでもつきあわせてあげることがとても大切です。

ご相談者の方は、ご自宅を開放してお友だちを受け入れているように感じられました。これはとてもよいことです。いろいろご事情はあるでしょうが、ぜひ多くの人に見習ってほしいと思います。週に一度でもかまいません。できるだけ自宅を開放して、多くの子が安心して交われる場をつくってあげてください。もちろん「うちの子がいないときはダメだよ」「○時になったら帰ってね」といったルールは決めていいです。よその子でも、しかっていいのです。堂々と、自信をもって、わが子とその友だちを見守ってください。

そしてわが子には「きれいなものも汚いものも、全部拾って帰ってきていいよ。いいか悪いかは、親が、家で、しっかりと教えてあげるからね」と、そのような姿勢でいてください。子どもの社会性がのびのびと育っていくと思います。

暇があればゲームばかり。ひとり遊びをなんとかしたい

（小3男の子の母）

息子が小学3年生になり、少しずつ子育ての手が離れてきました。わたし自身、自分の世界や趣味を楽しむ時間が増えてきたと感じます。

問題は、息子がひとり遊びをする時間が長くなってきたことです。暇さえあればゲームばかりしています。夫の携帯電話やパソコンの無料ゲームもやります。テレビもずっと見ています。本も読みますが、すべて受け身の遊びですよね。

きょうだいがいればまた違うのかもしれませんが、ひとりっ子なのでどんどん内にこもってしまうようで心配です。わたしが積極的に外に連れ出せばいいのでしょうけれど、もう小3なのでそうもいきません。

子どもにいろんな体験をさせたり、遊びのバリエーションを豊かにしたりするには、どうすればいいのでしょうか。また今後、ひとりっ子を育てるうえで注意すべきことがあれば教えてください。

ひとりっ子でも、そうでなくても小学生時代は友だちとたくさん遊びましょう。親はそのあと押しをしてください

〝友だちから学び、友だちに教える〟それが児童期の最重要課題です

最近は、実体験の乏しい子、外に出ていかない子が増えていると感じます。映像の世界やゲームの世界を否定する気は毛頭ありません。すばらしい作品はたくさんありますし、その仕事に従事している方々の熱意もよくわかっているつもりです。

その一方で、子どもにはたくさんの実体験も必要だと思います。自然と直にふれ合って、「不思議だなぁ」「おもしろいなぁ」と感じたり、思いっきり体を動かしたり。友だちと競い合ったりする経験も、子どもには不可欠です。

きょうだいの有無にかかわらず、子どもは小学生時代に同世代の仲間とたくさんのかかわりをもたなくてはなりません。高名な発達心理学者エリック・エリクソンは、「児童期（前思春期）の子どもの重要な発達課題は、友だちから学び、友だちに何かを教えることだ」と言っています。それが大人になったときの「社会的勤勉性」の土台になると言うのです。

「社会的勤勉性」とは、人と交わりながら、社会に価値を生むように自分の力を発揮できることをいうのですが、その土台をつくるのが「児童期の友だちとの遊び」なのだとエリクソンは言っているのです。わたしも心からそう思います。友だちとたくさん遊べば遊ぶほど、いきいきと自分の人生を切り開く人になれるのです。

しかし残念ながら、いまの日本ではそれが決定的に不足しています。引きこもりやニートの存在が、それを物語っています。彼らは勉強ができないわけではありません。運動が苦手なわけでもありません。人とうまくかかわることができないのです。人間関係を自然に豊かに営む力が育たなければ、社会に出たときにつまずいてしまうのです。

本を読むこともパソコンを操作できることもいいことです。しかし、それだけでは足りません。それだけで子どもの社会性を育てることはできないのです。

「体を動かしてほしいから、野球チームやサッカー教室に入れる」という方もいます。野球やサッカーをすること自体はいいのですが、それが友だちとの遊びのかわりになるとは思わないでください。草野球であれば、「○○ちゃんは小さいから、三振ナシ」などのルールを自分たちでつくったり、うまい子がへたな子に教えてあげたりするような場面がたくさんあります。しかし、コーチや監督が子どもの一挙手一投足にあれこれ指示して、勝つことが第一になってしまうと、子ども同士の学び合いはなくなってしまいます。

子どもが小学生になったら、親はどうぞ、友だち同士で遊べるような環境をつくってあげてください。それは、ひとりっ子でもきょうだいっ子でも同じように大切なことです。

きょうだいがいる子には〝ひとりっ子の時間〟を ひとりっ子には〝きょうだいのような存在〟を

ひとりっ子にはひとりっ子のよさがあります。わたしはよく、複数の子をもつお母さんに、こう言います。「子どもが何人いても〝ひとりっ子の時間〟を必ずつくってください」と。子どもにとって、お母さんをひとり占めしてゆったり過ごす時間は、心の安定にとても大事なものです。学校でつらいことがあったときも、そんな時間に話すこともできるでしょう。

逆にひとりっ子には、意識的に「きょうだいのような存在」をつくってあげましょう。親戚や、親の友だちの子どもがいいかもしれません。親同士が親しければ親しいほど、子ども同士も親近感をもち、きょうだいのようにかかわることができるのです。

わたしの息子たちが小さいとき、仲よしの友だちやそのご家族を誘って、動物園や野球観戦に出かけました。子どもというのはおもしろいもので、家族だけで来るときは、親のペースに合わせているんですが、友だちがいっしょだと違うんですね。親そっちのけで「次はこの動物を見に行こう」と先に行ってしまったり、野球場ではヤジを飛ばしたり、いつもと違う表情を見せてくれますし、いつも以上に楽しそうでした。

ご相談者の方は「わたしが外に連れ出せばいい」と書いていますが、お母さんと子どもの2人だけで遊ぶのではなく、どうぞ子どもの友だちもいっしょに連れ出してください。できればそのご家族も。子どもの友だちを誘いにくいのであれば、ご自身の甥っ子、姪っ子、いとこの子どもなどでもいいですね。家にお友だちを招いて、自由に遊ばせるだけでもいいのです。週1回でもいいので、そんな日をつくってください。

いじめられている息子に親ができることは？

（小3と4才男の子の母）

小3の息子はおっとりした穏やかな子です。半年くらい前から弟に意地悪になり、激しくワガママを言うことが増えました。よくよく聞いてみると、クラスの男子にいじめられているようです。行動が遅いことで押されたり蹴《け》られたり……。ときにはなぐられることもあるようです。息子は腕に大きなあざがあるのですが「これはもうすぐ死ぬ印」と言われたそうです。中心になっている子は学校のサッカーチームで活躍している人気者のAくんです。ほかの子のママからAくんのママにそれとなく話してもらったところ、「先生から聞いたので、Aを厳しくしかった。ふだんから、いけないことをしたらなぐってでも蹴ってでもしつける」と言っていたそうです。でも、逆効果のような気がしてなりません。

担任は新任の先生で、対応もその場しのぎに見えます。息子を支え、息子の学校生活を楽しいものにするために、親にできることを教えてください。

もしもいじめられているのがわたしの子なら先生に「Aくんに目をかけてください」と頼みます。Aくん親子とは仲よくなるよう努力します

子どもの暴力事件が年々増加している背景には親子関係のストレスがあります

校内暴力の件数の増加が問題になっています。小学校、中学校、高校、いずれも増加の傾向をたどっていますが、とくに小学校低学年の暴力が増えていることが特徴なのだそうです（※編集部注・2007年ごろの状況。2013年以降、中学・高校は減少傾向）。

友だちに暴力をふるう、友だちをいじめるという事件が起こると、先生の指導力だとか、子ども同士の人間関係が取りざたされます。しかし、もっとも重要なことは親子関係です。

あえて言わせていただきますが、いじめっ子はほぼ例外なく、親子関係になんらかのストレスを抱えています。親が虐待しているとまではいかなくても、家族内の人間関係がうまくいっていないのです。だから学校という場でも健全な人間関係をつくることができずにいるのです。

しかし、他人の家庭の問題に足を踏み入れることは非常に難しいうえに、いじめっ子の親自身も十分な愛情を注がれずに育っている場合が少なくありません。だからこそいじめ問題は根深いのです。わたしはいじめ問題の専門家ではありませんから、「わたしの子がいじめられていたら、わたしならどうするか」という前提でお話ししたいと思います。

まずは担任の先生に相談します。いじめっ子をこらしめるためではなく、安定させるために

わたしなら、わが子が転校したい（あるいは転校させたほうがいいと親が思う）なら、転校させます。逃げる・逃げないではなく、子どもにとってよい環境を探すことは非常に大事なことだからです。もしも子どもが「転校はイヤだ」とかたくなに言うのであれば、

必要に応じて学校を休ませつつ、学校の先生と話し合いをします。

まずは担任の先生に、「Aくんに十分に目をかけてあげてください」とお願いします。この子はこれまでにも、さんざんしかられていることでしょう。親からはなぐられているのです。この子にいま必要なのは、精神の安定です。善意や好意や愛情です。それを担任の先生に注いでもらえるようお願いします。たとえば彼に用事を頼み、「力持ちだから助かるよ」などと、ほめる場面を多くつくってもらいます。

「なぜいじめっ子にやさしくしなくちゃいけないの？」と思われるかもしれませんが、いじめている子が不安定でストレスがたまっているうちは、問題は解決しないからです。幼児教育の現場では、友だちに乱暴する子がいたら、真っ先に乱暴した子を抱きしめてあげるというやり方が効果を上げています。園内の暴力が減っていくことが実証されているのです。

また、いじめはクラス全体の問題なので、保護者会で議題にしてもらいます。教室内にいじめがあることを知らない保護者もいますから、事実を共有し、各家庭でわが子に対して「友だちに暴力をふるうのはいけない」「身体的な特徴をからかってはいけない」と伝えてもらえるようにお願いします。

状況を見ながらですが、学校の先生からAくんの親に「なぐってでも蹴ってでもしつける」という方法をやめてもらうようお願いします。このしかり方は決定的にまちがえています。暴力の連鎖を生むだけです。ただ、先生とAくんの親の間に信頼関係がないと「おまえのせいでわたしが恥をかいた」とAくんがしかられる可能性があるので、十分な配慮が必要です。

親にできることは小さなこと。それでも、前向きに変化するきっかけに

家庭では、わが子の話を気のすむまで聞いてあげたいと思います。とはいえ、「今日、どうだった?」とストレートに聞くのは控えます。

学校から帰ってきたら、おやつを用意して、いっしょに食べながらおしゃべりをするのです。そのときに、子どものほうから学校でのことを話してきたら聞いてあげます。「聞き出す」のではなく、子どもが本音を言える状況をつくるということです。言わなければ、無理に聞き出すことはしません。

子どもが自分から話すようになるためにも、このような問題が起こる前から、子どもが話しかけてきたときには少しだけでも手を止めて聞く、子どもの意見を頭ごなしに否定しない、という習慣をつけておくといいですね。

そして、わたしだったらAくんに「家に遊びにおいで」と声をかけると思います。彼と自分の子を連れて、休日に遊園地やサッカーの試合を見に行くこともすると思います。もちろん、しかったりすることはしません。できるならAくんの親御さんもいっしょに行きたいと思います。親同士のいい人間関係をつくることが、遠回りでもわが子にとっていい効果をもたらすことになるからです。

親にできることは小さなことです。けれど、Aくん（と親）の精神が安定すれば、ゆっくりであっても事態は解決の方向に向かうと信じて、わたしなら動いていくでしょう。

これは理想論でしょうか。確かにここに書いたこと、すべてできるかどうかはわかりません。でも、できることから一歩ずつ進めていきたいと、わたしは思うのです。

下の子にやさしくできない長男に困っています

（10才と3才男の子・5才女の子の母）

3人きょうだいで、10才の長男への接し方に悩んでいます。下の2人はいたずらざかりで、お兄ちゃんのゲームを隠したり、大事にしているぬいぐるみを流しに投げたりします。お兄ちゃんも頭にくるとすぐに手を出し、弟や妹をたたいたりするのです。下の子たちは小さいので、兄に「たたくのはやめなさい」と注意していました。

最近は、わたしに注意されると「いつも自分ばかり怒られる」「わああー」と激しく泣きわめき、足をバタバタさせ、イラついた様子を見せるようになりました。先日も夕飯のしたく中にケンカになり、3才の弟が「痛い」「お兄ちゃんにやられた」と泣いていました。翌日、病院に行くと、ひじの関節がはずれていたのです。

こんな長男にどう接したらいいのでしょう。わたしはきょうだい3人に平等に接しているつもりですが、長男はわたしの態度にも不満があるようです。

お母さんがきょうだい平等に接すると上の子は必ず「不平等」だと感じるものです。お兄ちゃんを少しだけ特別扱いしてください

上の子にやさしくすればするほど上の子はお兄ちゃんらしくなるものです

お母さんは「きょうだい3人に平等に接している」とおっしゃっていますね。気持ちの面では本当にそのとおりでしょう。でも実際には、下の子に手をかける時間のほうがどうしても長くなってしまうと思います。どんなに平等にしようと思っても、これはしかたのないことです。上のお兄ちゃんから見たら、やはり不平等です。「弟や妹ばかり、ママにかわいがられている」と見えるかもしれません。

たとえ親が「小さいときはしかたがないの。お兄ちゃんなんて、5才までひとりっ子だ

ったんだから、弟や妹より手をかけてもらったのよ」と説明したとしても、あまり意味はないのです。そんな昔のことは覚えていませんし、子どもには終わったことよりもいまが大事なのです。

もちろん上の子には上の子なりのプライドがありますから、下の子と同じように手をかけてほしいとは思いません。でもそのぶん、別の何かがほしいのです。それは「ひとりでやってくれるから、お母さん助かるわ」というほめ言葉かもしれません。下の子に向かって「お兄ちゃんを見習ってね」と言ってもらえたら誇らしいでしょう。

そんなふうに、お母さんには少しだけ、お兄ちゃんの味方をしてあげてほしいと思います。「味方をしているように見せる」だけでかまいません。そんな言葉かけを意識なさるといいのです。

不思議なもので、お母さんが上の子にやさしくすればするほど、上の子は下の子にやさしくなります。逆に、お母さんが上の子に「上の子らしさ」「お兄ちゃんらしさ」を求めれば求めるほど、上の子は下の子にやさしくできなくなるのです。お母さんが下の子にやさしくしているのに、なぜ自分までやさしくしなくちゃいけないのかと、そんな気持ちになるのかもしれません。

どの子にも平等に愛情をいだくのはもちろんいいことです。ただ、上の子にあまり手をかけられないぶん、少し多めにやさしくしようと、そう思ってお育てになるとバランスがよくなるのではないでしょうか。

10才は課題が増える年齢です。この時期こそ、家庭をやすらげる場に

お兄ちゃんはいま10才ですね。年齢的にも、お母さんからの目に見えるやさしさが必要な時期かもしれません。

10才というのは「課題」が増える年ごろなのです。学校での人間関係は複雑になってきますし、勉強も難しくなります。自分を客観的に見られる年ごろに入りますから、悩みも増えます。そんな時期は、家庭でのやすらぎや安心感、満足感がいままで以上に必要になります。家庭でのやすらぎという基盤があるからこそ、社会活動、つまり学校での活動がのびのびできるのです。

これから思春期に入ると、それがもっともっと重要になってきます。家庭にくつろぎの

場がないと、外で「くつろぎ」を求め、友だちの家を泊まり歩いたり、非行に走ったりする子もいます。非行に走る勇気のない子は、不登校になったり引きこもったりすることも少なくありません。

健全な人間関係の土台は親子関係です。親に思いっきり甘えて依存して、その安心感を持ち運ぶようにして子どもは外に出ていきます。家庭が本当の意味で依存の場になると、子どもは自立の方向に向かってちゃんと歩いていくのです。

まずはお兄ちゃんに「今日は何が食べたい？　あなたが食べたいもの、作ってあげるよ」と言ってあげてください。ほかのきょうだいがいてもいいですよ。そっと小声で言ってあげるんです。すぐに準備できないものなら、「今日は無理だけど、明日か明後日、買い物してくるから待っててね」と伝え、「ダメよ」と否定はしないでください。夕ごはんが無理なら朝ごはんでもいいですね。「卵は何がいい？　目玉焼きでもゆで卵でもなんでも好きなものを作ってあげる」と。親に希望を言えれば、弟や妹より少しだけでも大事にされていると思うことができます。家庭の中で自分の価値を自覚できるのです。

それをしばらく続けていったころ、「あれ、弟や妹をたたかなくなったな」と気づくはずです。ぜひ、試してみてください。

「発達相談を受けてみては」と言われて

（小3・年長男の子の母）

小3の息子は、よく言えばとてもマイペースな性格で、自分の感情のおもむくまま、思ったことをストレートに口に出してしまいます。

授業中でも大声でおしゃべりしたり、クラスメイトとのやりとりで気に入らないことがあると、面と向かって「バ～カ！」となじったりします。でも、いいところもいっぱいあって、幼児のころから絵を描くのが好きで、長い時間をかけて大作を仕上げたり、図鑑で花や植物のことを調べたり、関心のあることには集中力を発揮します。こういう個性の子だと受け止めて普通に育ててきたし、先生もあたたかく見守ってくださっていると思っていました。ところが、いっこうに落ち着かない息子の様子にたまりかねたのか、担任の先生に「一度、発達相談を受けてみては？」と言われました。でもそこで、息子が「普通じゃない」と判定されたら……。ショックを受けそうで、踏ん切りがつきません。

「普通の子」なんていないと、わたしは思います。それぞれの個性をじょうずに伸ばしながら生きやすい環境をつくってあげてほしい

発達障害かどうかより、その行動の背景や理由を知ることが必要です

もしこのお母さんがわたしのところに直接ご相談に来られたのであれば、わたしは「普通の子でなくてよかったですね」と言ってさしあげたいと思います。この年齢で自分の大好きな世界をもっていて、好きなことにはものすごい集中力を見せるのです。魅力的な子じゃありませんか。お母さんもそれを認めて応援している。とてもすばらしいことです。その姿勢を変える必要はまったくないと思いますよ。

さて、先生が「発達相談を受けられたほうがいい」とおっしゃったのは、このお子さん

に発達障害があるのでは、と思われたからかもしれません。ご相談の文章を読ませていただくと、重い発達障害があるようには思えませんが、「自閉症スペクトラム（連続体）」といわれるように、発達障害から健常といわれる子たちの「連続体」、つまり一続きの流れの中のどこかに位置する子なのかもしれません。ある人には「障害」に見え、ある人には「個性」に見える、そんな状態なのではないかと推察します。

発達障害かどうかの検査を受けるように、先生はおっしゃっているのかもしれません。でもわたしは、発達障害の診断が重要だとは思えません。友だちに「バカ」と言うことも、授業中に大声でおしゃべりすることも、その原因は「発達障害だから」ではないからです。別にちゃんと理由があるのに理解してもらえない、そのことに不満を感じたり、困ったりしているのです。

この子が友だちに「バカ」と言うのは、友だちに何か言われたからでしょうね。傷つくようなことかもしれません。まずはそこを聞いてあげてほしいと思います。そのうえで、「でも、お友だちに『バカ』って言うのはよくないね。お母さんはそういう言葉、あまり好きじゃないな」とやさしく穏やかに言ってあげるといいのではないでしょうか。

発達相談を受けることで、より適切に、より深く対応できるようになるのであれば、受けたほうがいいかもしれません。一度、発達相談を受けてみて、「ここで相談するとわたしも子どもも気持ちがラクになる」と思えるなら通えばいいし、そうでなければ通わなくていいのです。お母さんがご自分で決めていいことだと思いますよ。

この子の魅力的な個性をどう伸ばすかを親子で楽しんでください

それよりも、この子のすてきな個性をていねいに伸ばすことを重視してほしいと、わたしは思います。「普通に育ててきた」とおっしゃいますが、このような子は、普通よりも少し多めに手をかけてあげるのがいいのです。

図鑑を見ることが好きなんですね。花や植物に興味があるのであれば、植物園に連れていってあげたり、いっしょに植物を育ててみたりしてはいかがでしょうか。下のお子さんがいらっしゃるようですが、ときには上の子と2人だけの時間をつくってください。大好きなお母さんと大好きな世界を楽しむことができれば、ますますその世界を好きになると思います。学校でも、植物や生き物を育てる係や委員があれば、やらせてもらえるよう、先生にお願いしてみるといいでしょう。

発達障害の傾向のある子は、非常に狭くて深い世界にのめり込む、という傾向があります。これは、本当にすばらしい個性だと思います。大人になれば誰でも、狭くて深い世界で専門性を磨いていくものです。将来を考えると、狭く深い世界をもてることが大事なのです。でも親は、「広く浅くなんでもできて、さらにその中で1つか2つ、ものすごく得意なものがあればいい」と願いがちです。親にはそういう身勝手な面があるのですね。でも、このお母さんはわが子の狭く深い世界を理解して、応援しているのですからたいしたものです。

「発達障害ではないか」と言われると、親は「なんとか普通の子のようにしたい」とあせってしまうことが多いと感じます。でもそれは「あなたはあなたのままではダメなのだ」と、わが子を否定することにつながります。

普通の子じゃなくてよかった、と思ってください。狭く深い「自分の世界」をもてる子であることを誇りに思ってください。そして折にふれ、「お母さんは、バカという言葉は好きじゃないな」「授業中に大声でおしゃべりすると、先生や友だちが困るんだって」と、やさしく穏やかに繰り返し伝えていってください。それで十分ではないかと思います。

会話も友だちも少ない内向的な息子が心配です

（11才男の子の母）

息子はほとんど人と話さず、話してもとても声が小さいのです。話ができる友だちは3人ほどで、その子とも少ししか話しません。幼稚園時代からの親友との会話も年々減っている気がします。わたしたち両親とは話しますが、これも減っています。

人とふれ合う時間や機会をつくらなくては、と思うのですが、親友は塾に通っているので週1回しか遊べません。わたしが不妊症でようやく授かった子なので、ひとりっ子になってしまい、申し訳なく思っています。年の近い親戚（いとこ）もいません。

性格は穏やかで、頭もいいです。いつか変わってくれるのではないかと、忍耐強くずっと見守ってきたつもりですが、どんどん内向的になる息子に不安が募ります。家で読書やゲームをするほうが楽しいようです。思春期に入ると、ますます話さなくなりそうです。でも、わたしがこのように悩むことも、息子を追い詰めそうです。心配だらけでつらいです。

お母さんが悩みすぎないことです。「男は口数が少ないほうがカッコいい」と息子さんを認めてあげてください

「いつか話してくれる」その日を待つことをやめてみませんか？

息子さんの言葉数が少なく、しかもどんどん話さなくなっているように思えて心配していらっしゃるのですね。もともと内向的な気質のお子さんなのでしょう。

それでもこの方は、「ちゃんと話しなさい」などと子どもを責めることはしなかったと思います。辛抱強く「いつか変わってくれるだろう」と信じて待っていた、と書いています。お母さんもつらい思いを抱えていらっしゃったことは想像にかたくありません。

それでも言わせていただきます。厳しいようですが、聞いてください。

「いつか話してくれるはず」と信じるのは、子ども本人を信じていることにはならないのです。「あなたのままではダメなのだ」という思いとなって、子どもに伝わってしまうのです。そう願う気持ちの切実さはわかるつもりです。よくわかるのですが、子どものためにその期待を捨てる選択をしてほしいと、わたしは思います。

どんな親でも、わが子の100%を受け入れることはできません。誰にでも「こうであってほしい」という願いはありますし、「ここは直してほしい」と思う点もあるものです。でも、その思いが強くなればなるほど、子どもは親に安心できなくなります。「お母さんはぼくを認めてくれていないのだ」と思い込むこともあります。お母さんの願望が「いまのあなたのままではダメだ」というメッセージとして伝わってしまうのです。

たとえば、お子さんにこう言ってみてください。「あなたは無口なところがいいよね。おしゃべりな男っていうのは、あまりカッコよくないものだよ。高倉健さんみたいに、無口で不器用でも、ちゃんとした行動で示せる男がすてきだと思うよ」と。

実際に、言葉数が少なくても、魅力的な男性は世の中にたくさんいます。お母さんが「話さなくてもいい」と思うことができれば、息子さんも安心して自分の長所を伸ばしていけるのではないでしょうか。ご主人とも同じ気持ちを共有できるといいですね。

会話が減る思春期は イエスかノーかで答えられる質問を

息子さんは11才ですから、もう思春期の入り口にさしかかっています。おっしゃるとおり、この年ごろの子は、親との会話がめんどうになるものです。

それでも会話はあったほうがいいと思いますので、質問を工夫しましょう。「今日、学校どうだった？」などという難易度の高い質問ではなく、イエスかノーかで答えられる質問をするのです。たとえば、「今日の夕ごはんは鶏のから揚げにしようと思うんだけど、どう？」「うん、いいよ」と、それで十分です。「えー？」と言われたら、「何がいい？」「焼き肉」「じゃ、それは明日作ってあげるね」と、それでいいのです。

あなたはあなたのままでいい。希望があれば、遠慮なく親に話していい。すぐにかなえてあげられないこともあるけれど、希望を伝えても不快な顔をされることや、しかられることなんてないんだよ。そういうことを、日常の行動の中で伝えていってください。

お友だちが少ないことも心配していらっしゃいますね。でも「幼稚園時代からの親友」

が11才のいまでも本当の意味で親友なのか、わたしは少し疑問です。この時期の子どもは、趣味や嗜好などが合う子と新しい関係を築くものです。お母さんの知らないところで友だちをつくっている可能性もあります。「そんなことはない。息子が話せる相手は3人だ」と親が言い切れるとすれば、子どもの交友関係に踏み込みすぎていると思います。11才の子は、親の知らない世界をいくつももつのがあたりまえなのです。

文面から、とてもお悩みのご様子を察することができます。ですが、ご自分でもわかっていらっしゃるように、お母さんの不安をこれ以上ふくらませても、いいことはありません。きょうだいがいなくても、友だちが少なくてもいいじゃないですか。本が好きで、勉強も好きで、穏やかなやさしい子なのです。そう書いています。自慢の息子さんです。そのとおりです。

中学生になったら、パソコン部などに入るといいかもしれませんね。「みんなで力を合わせて目標を達成する」という活動より、「同じ趣味の人が集まって、それぞれの好きなことを認め合う」という部活のほうが合っているように思います。

いまのこの子のままで輝く方法は、いくらでもあります。本当に、大丈夫なのです。

子どもに
寄り添うと
いうことは
5

待つ

何かを育てることのじょうずな人は、待つ力のある人です。そして「待つ」ということは、「信じる」ということと同じ意味です。

子どもというのは、土にまみれた球根のようなものです。どんな花が咲くのかはわからない。けれどきっと美しい花が咲くに違いない。それがいつかはわからなくても、きっとそうなると信じて、水をやり、ときには肥料を少し与え、日に当てて、大輪の花か小さくて清らかな花かと想像しながら、「きっと咲くのだ」と信じて見守ることができる人こそ、子育てのじょうずな人です。

子どもは、待ってもらっている時間の中で、その子のペースで内面を育てていきます。自分の好きなものや得意を知り、世の中のルールをとり込み、自分の中の小さな誇りを育てていきます。十分に熟した野菜や果物がおいしいように、待ってもらうことで心の中を成熟させていくのです。

大切に育てた花が咲いたとき、親の喜びはいかばかりかと思います。けれど、そのときに気がつくのです。本当に幸せだったのは、「どんな花が咲くだろう」と思いながら待つ時間だったのだ、ということに。

第6章

父親の役割ってなんですか?

父親にしかできない
役割があるとすれば、
母親を支えることです。

子どもが幼いころは父親も母親も「母性」で子育てを

共働きのご夫婦が増えました。社会のあり方が変わると、夫婦のあり方も変わってくるのは当然のことで、そのときどきに家族の形も役割も変化していくと思います。専業主婦は減り、専業主夫を選択する男性もいます。母子家庭も、父子家庭もあります。家族の形は今後もさまざまに変化することでしょう。

それでも一つだけ、心に留めておいてほしいことがあります。それは、幼い子どもにとってまず何よりも必要なのが「母性」だということです。わたしが考える「母性」とは、子どもを受容する力です。「ありのままのこの子でいい」と受け入れる力です。「父性」とは社会のルールを教え導く力です。母性とはやさしさ、父性とは強さと言いかえることができるかもしれません。子どもの健全な育ちにはこの両方が必要なのですが、与える順番には決まりがあります。まずは母性から。母性に十分満足してから、父性的なものを与えるのです。母性と父性は、男女の別なくみなさん両方もっていると思います。母親でも父性が強い人もいます。父親でも母性的な人もいます。

わたし自身は、非常に母性的な父親だったと思います。家にいるときはおむつかえでも、離乳食でも、お散歩でもなんでもやりました。仕事が終わって家に帰ると、子どもが「おんも行きたい」と言うんですね。ご近所の暗い夜道を、手をつないで何回歩いたかわかりません。休みの日には「電車が見たい」という子どもを引き連れて、新宿駅や東京駅に行きました。駅員さんに顔を覚えてもらったくらい頻繁に。それでも、やはり一番は母親なのです。食事に出かけたりすると、家内の両隣を3人の子どもたちは奪い合うんです。それで、お父さんの隣でもまあいいや、という子がわたしの隣にくる。子どもとはそんなものです。

母親が「父性的」になってしまう原因は、孤独と不安

性的な役割分担を決める必要はないと思います。しかし、幼い子どもはたいてい、父親よりも母親を求める傾向があります。そこを無理やり「平等」にする必要はありません。自然なものだと受け止めていいと思います。その場合、お母さんには十分に母性を発揮してほしいのです。子どものありのままを、包み込むように承認してほしいのです。そしてお父さんは、そんな妻を全力で支えてほしいのです。妻の幸せを第一に考えながら。

結婚したばかりのころ、妻は夫にやさしかったことでしょう。しかし、子どもが生まれたとたん、自分だけがほうっておかれたように感じてしまう夫も少なくないと聞きます。とんでもないことです。夫には大きな仕事があります。妻を支えることです。おむつをかえたり、おふろに入れたりも大事ですが、妻の話を聞くことはもっと重要です。わが子の今日の姿でも、育児のグチでも、すべて聞いてください。それが支えるということです。

わたしがカナダの大学で子どもの精神医学の訓練を受けたとき、徹底的に教わったのは親の幸せを考えることでした。子どもの幸せも、もちろん考えますが、まずは親からなのです。いま、子どもの虐待が社会問題化しています。痛ましい事件が続きます。そのようなことをする親で、幸せな人など一人もいないでしょう。そして夫婦仲がいい親もいないはずです。孤独と不安の中にいるからこそ、あのような悲劇が生まれるのです。

夫との関係がよいほど、母親は育児に前向きになれるものです。そして両親の夫婦仲がよいほど、子どもの心は安定するのです。子どもはとても単純ですから、親が笑顔でも不機嫌でも全部「自分のせいだ」と思います。両親がケンカしていると「自分が悪い子だから」と思いますし、両親の仲がいいと「自分がいるから幸せなんだ」と考えるのです。そして自分も幸せになるのです。

ふれ合う時間が短いときほど、よいイメージを

お父さんだけに限りませんが、親が長時間勤務をしている場合、子どもと接する時間はどうしても短くなります。仕事から帰ってきたら、親は疲れていることでしょう。子どもの存在をうっとうしく感じてしまうかもしれません。それでも「疲れているんだから静かにして」などとは言わないでください。言わない努力をしてください。仕事で疲れているのは親の勝手です。子どもが望んでいるわけではありません。ふれ合う時間が短ければ短いほど、その時間に凝縮して子どもの願いをかなえてください。

子どもは、その短い時間の中で、「お父さんってこんな人」「お母さんってこんな人」というイメージをつくります。そのイメージを抱えて、明日も園や学校に行くのです。一日じゅういっしょであれば、子どもは親のいろんな表情の中から選ぶことができますが、時間が短ければ、そのときの顔しか心に焼きつけることができません。ぜひとも「やさしい」「あたたかい」「信頼できる」、そんなイメージを子どもに与えてください。それを子どもは心に抱えて、明日もまた集団生活の中でがんばることができるのです。

父親は厳しいくらいがちょうどいい？

（小3と小1と2才と0才男の子の母）

4人の男の子がいるので、日々たいへんな子育てを夫婦で乗り越えています。ただ、上の2人が小学生になったころから、夫はちょっとしたことにでもすぐ怒るようになりました。げんこつでガツンとなぐることもあり、見ていてかわいそうですし、怒りすぎではないかと思うこともしばしばあります。

とくに小1の次男は忘れ物が多く、2日に1回は、宿題をとりに学校に戻るような子です。文房具などもすぐなくし、家の机もぐちゃぐちゃ。怒られやすい子だと感じます。

最近、「子どもは怒られても伸びない。ほめて育てよう」という風潮で、わたし自身も「そういうものか」と思っていたのですが、だからといって「子どもをしかれない父親」というのもどうなのか……と感じます。昔から父親というものは怖い存在で、母親とは違う役割があると言われますが、そう割り切っていいのでしょうか。

子どもの自尊心を傷つけていませんか？怒らなければ伝えられないことなど父親にも母親にもないと思います

子どもをしからないからといって育児から逃げていることにはなりません

子どもをしからない父親は、問題でしょうか？　わたし自身も父親ですが、子どもをしかった記憶はありません。息子のうちの1人が、大人になってから「ぼくはお父さんに2回しかられたことがある」と言いました。よく記憶しているものだと驚きましたが、それが事実だと思います。家内はしじゅう子どもたちといますから、わたしよりはしかる場面があったと思いますが、どなったり、たたいたりしたことはないと思います。

もちろん、親が子どもに教えなくてはいけないことはあります。でもそれは、語気を荒

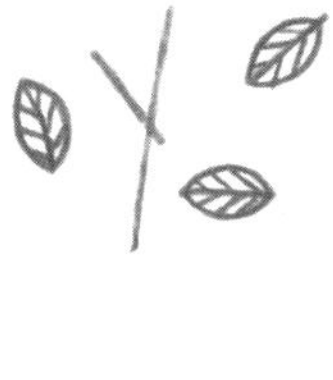

らげて厳しい口調で言うべきことではありません。「こうしなくちゃいけないよ」「これはいけなかったね」と言うことは必要ですが、それも多すぎてはいけません。あれこれ言われていると、何が本当に大事なことなのかがわからなくなってしまいます。

子どものしつけでもっとも重要なことは、自尊心を傷つけないことです。自尊心を傷つけられた子は、卑屈になったり意地悪になったりします。とくに親からの暴力や、「おまえなんていなくていい」という暴言は、子どもの自尊心を著しく傷つけます。また、力で抑えつけられると反発心が生まれますし、自分を守ろうという気持ちが働くために、どんなに正しいことでも素直に聞けなくなってしまうのです。穏やかに気持ちを尊重するように言われたほうが、安心して聞けるのです。

「しかれない父親」は、「だらしない」「育児から逃げている」というイメージがあるのかもしれませんね。でも、しからないことが育児から逃げることだとは思いません。

わたしには男の子が3人います。この方は4人だそうです。そうなると、人にわびなければならないようなこともしますね。わが子にも確かにありました。そのようなときも、わたしはしかりませんでした。そのかわり、子どもといっしょに相手のお宅に伺い、相手の方に頭を下げました。許してもらえるまで何度でも。

子ども時代の悪さは、その子の責任というよりは親の責任です。わびるのは親の仕事です。ただ、その姿を子どもに見せる必要があると思いました。「おまえのしたことは、このようにおわびしなくてはならないことなのだよ」と無言で教えることになります。相手の方が許してくださったら、それで十分です。家でさらにしかる必要などありません。

人によっては「そんな甘いことをしていたら示しがつかない。また同じことをする」という人もいますが、反対です。このように伝えたほうが、親の思いは子どもに深く通じるのだと、わたしは思います。実際、息子たちは二度としませんでした。

忘れ物の多さに困っている子には手をかけ、助けてやることが必要です

この方の次男は、忘れ物が多かったり、片づけられなかったりするのですね。もしかしたらＡＤＨＤ（注意欠如・多動症）の傾向が多少あるのかもしれません。こういう子は、いくつものことを同時に考えるのが苦手です。「学校が終わった、よし帰ろう」と思うと、頭の中はそのことでいっぱいになり、忘れ物の確認まで気が回りません。どんなにしから

れても、その瞬間は忘れるのです。本当に困っているのは、親御さんではなくこの子です。苦手な部分は、どうぞ大人が助けてあげてください。先生に「帰りにプリントを持ったかどうか、ひと言確認してください」と頼んでみてはいかがでしょう。親しい友だちにお願いしてもいいですね。ご家庭では、お母さんが見てあげてください。しかるのではなく、思いやりが伝わるように。

下の子が小さいので、お母さんはさぞかしたいへんでしょう。けれど、0才の赤ちゃんより2才の子より、手助けを必要としているのはこの子かもしれません。手のかかる子に十分に手をかけてあげると、スッと育てやすい子になる瞬間が来ます。必ず来ますよ。

ご主人は、カッとなると衝動を抑えられない方のようです。こういう方の中にも、ADHDの傾向のある人が少なくありません。幼いころ、同じように親にどなられ、たたかれていたのかもしれないとも感じました。

ご主人の行動を直接的に非難するのではなく、機会を見つけてこの本を読んでもらってはいかがでしょうか。子育てをいっしょにがんばってくださる方ですから、きっと少しずつ変わってくださるのではないかと思います。

単身赴任か転校か、どちらが子どものため？

（小1と3才女の子の母）

わが家は転勤族で、かなり短いスパンで引っ越しをしています。そのため、仲よく話せる友だちができたと思うころには引っ越しになります。それでも、いままではなんとか乗り越えてきましたが、長女が小学校に入学したことで「これからも引っ越しばかりの生活では、子どもにつらい思いをさせてしまうのでは？」と不安になっています。

現段階でも、家を行き来するような友だちがおらず（親同士が知り合いではないため、子どもが遊ぶ約束ができない状況です）、寂しい思いをさせています。学校には楽しく通っていますが、高学年で転校すれば、友だちの輪に入るのも難しくなるのではないか、勉強についていけなくなるのではないか、親友がつくれないのではないかと心配になります。

今後は夫に単身赴任してもらったほうがいいのか、それとも家族いっしょのほうがいいのか。アドバイスをお願いします。

家族いっしょであることは大人が思う以上に子どもの心を安定させます。安易に別居すべきではありません

家庭生活の原理・原則の一つはできるだけバラバラに過ごさないこと

転校するか、単身赴任か。一概にどちらがいいかは言えません。この子がどんな性格の子か、転校先の学校の雰囲気はどうか、お母さんは仕事をもっているのかなど、さまざまな条件がからみ合ってくることですから。

ただ、どんなものにでも「原理・原則」があります。その観点から申し上げますと、家族はできうる限り、いっしょであることがいいのです。

わたし自身、小学生時代に2回転校しました。わたしの家内は5回転校して6つの小学

校を経験しました。なじむまでには時間がかかったかもしれませんが、「転校したくない」とか「自分は残りたいからお父さんだけ行ってほしい」など、考えもしませんでした。確かにいまとは時代が違い、受け入れる側の子どもたちも、入っていく子どもの姿勢も違ったと思います。けれど、家族が全員で暮らすということが、子どもにとって非常に大切な原理・原則であることにはなんら変わりはないのです。

現代の社会は、家族がいっしょに暮らすことの価値を軽く考えすぎているのではないでしょうか。とくに夫婦は離れ離れに暮らさないほうがいいと、わたしは思います。

すでに子どもが高校生や大学生であれば、父親だけ単身赴任させるのではなく、子どもが寮生活や下宿生活をする形で残るのがいいと思います。もちろん、子ども自身が「親といっしょにいたいから転校したい」と言うのであれば、その気持ちを優先させます。それよりも幼い子であるならば家族いっしょに引っ越す、わたしはそれがいいと思います。

わたしが初めて不登校の子どもと出会ったのは、いまから40年前のことでした。当時は非常に珍しくて「学校恐怖症」などといわれたものです。それが、2人続けて船乗りの子どもだったのです。船乗りは典型的な単身赴任です。単身赴任者の子は不登校になる、ということではありませんが、その子たちの場合は、長い父親の不在が母親の気持ちを不安定にさせていました。それが子どもの不安と無関係ではなかっただろうと推察します。

可能性を信じて、広い世界に羽ばたける子は家庭に揺るぎない安心感をもっています

近ごろは海外留学する若者が減っていると耳にします。わたしは「留学しなくちゃいけない」と思っているわけではありませんが、「あの国、あの大学で学んでみたい」と思ったときに、自分の力を信じることができず、意欲をもてなくなってしまうのはとても残念なことです。

見知らぬ世界に飛び立つための力は、安定した家庭において、親にしっかりと保護されることで身についていきます。子どもは、親への依存と反抗を繰り返しながら自立するのです。その依存と反抗をしっかりと受け止めてくれる家族とともに暮らす期間がないと、本当の意味で自立することはできません。

ですから「子どもを新しい世界に行かせるのは不安だから、お父さんだけ行ってね」という保護のしかたではなく、「どこに行っても大丈夫。お父さんとお母さんがいるからね」

という保護の姿勢こそが子どもには必要だと、わたしは思います。

　そうは言っても、事情はそれぞれあります。たとえば子どもが転校に対して強い不安感を抱いている場合、慎重に考えて結論を出すべきことだと思います。また、両親がともに仕事をもっていて、簡単についていくことができないというケースもあるかもしれません。単身赴任を選ぶのであれば、できるだけ父と子のやりとりを頻繁にしてほしいと思います。こまめに電話やメールを交換し、定期的に帰ってきて、日々の不在を埋める努力をたくさんなさってください。

失業中で、息子に感情をぶつける夫

（5才男の子の母）

夫は転職に失敗し、この1年ほどは求職中で、専業主夫に近い状態となりました。フルタイム勤務で残業も多いわたしの収入で家計はなんとか回っていますが、いつまでも現実を受け入れられない夫に失望するばかりです。子どもの前で夫のことを悪く言わないよう気をつけていますが、わたしの夫への不信感が子どもにも伝わってしまうのでしょうか。

「お父さん大嫌い」「お父さんをやっつけてやる！」と、息子は何度も繰り返します。

しばらくは冗談っぽく受け流している夫ですが、息子がしつこいとそのうちキレて反撃に回り、息子が泣きだすまで追い詰めてしまうのが、いつものパターンになっています。父と子の関係をよい方向へ向けるにはどうすればいいのでしょうか。

立ち位置が大きく変わったお父さんの新しい存在意義をつくってください。父子関係はお母さんにかかっています

息子さんの発言は、お母さんの本音を代弁しているのでは？

少し厳しいことを申し上げます。このお子さんは、お母さんの気持ちを代弁しているのだと感じました。「なんで仕事も探さず1年も過ごしているのか」「こんな人はお父さんと呼べないんじゃないか」。そんなお母さんの気持ちが、口に出さなくても、お子さんに伝わってしまっているのです。

実際に口論になっている場面があるのかもしれませんし、お父さんがお母さんを困らせているように見えているのかもしれません。いずれにせよ、お母さんがお父さんの再出発

を信じているのであれば、子どもはこんなことを言わないと思います。

そして、こうも感じました。ご主人が息子さんに向けている言葉の攻撃は、本当は妻に向かって言いたいことなのだ、と。しかし収入をすべて頼っている身には、けっして言えない言葉です。言えば元も子もなくなってしまいますから。

この父子の問題は、ご家庭の「いま」そのものだと思います。子どもというのは、両親の仲がいい状態がいちばん心地いいのです。両親が笑っておしゃべりしている様子を見るだけで、心が落ち着くのです。家庭の中にそのような時間が増えてくると、子どもがお父さんを攻撃するようなことはなくなります。

幸いなことに、ご相談者の方には家計を維持できるだけの収入があります。それは本当にすばらしいことです。そのような仕事も地位もありながら、「男性は外で仕事をしたほうがいい」と考えていらっしゃるのではありませんか。そしてご主人もまた、そう考えているのでしょう。だから苦しいのだと思います。

その考えを変えられないなら、ご主人は働かなくてはいけません。どんな仕事であっても。たとえご自分の能力が生かせない、報酬の少ない仕事であっても、もっと自分に合ういい仕事を見つけるまでは、そこでがんばるのがいいと思います。これは、と思う仕事につくまでは、そこで努力してほしいと思います。そうすることがどうしてもできないのであれば、一生懸命に考えてください。ご主人を巻き込んで、今後の家庭のあり方をどうぞ真剣に考えてください。

つらいのはご主人です。ケンカになったら2人で謝る。悪くなくても謝るのです

ご主人が専業主夫を続けるのであれば、世の中の多くの専業主婦がそうであるように、「家事・育児を責任もって担当する人」として尊重してほしいと思います。もちろん家計から多少のお金を使う権利もあります。息子がお父さんとスーパーに行ったとき、おやつをお父さんに買ってもらう。休日はお父さんと出かけて食事をごちそうしてもらう。そういう、お父さんが子どもを喜ばせるようなこともあっていいのです。「奥さんが働いたお金で子どもに何か買ってやるのはおかしい」と思う男性もいるかもしれませんが、専業主婦も専業主夫も基本的には同じではないでしょうか。ただこれは、ご夫婦の間に信頼関係がなければ、逆にプライドを傷つける可能性があるので注意が必要です。

息子さんとご主人がケンカになってしまったときには、お母さんのほうから息子さんに「お父さんに謝ろう」「お母さんといっしょに謝ろうか」と言ってあげるといいですね。悪いのはご主人であったとしても、お母さんと息子さんが謝るのです。「お父さんが悪いのに」と息子さんは思うでしょうけれど、それでもお母さんが前に出て、子どもといっしょに謝ってその場を収める姿を見ると、息子さんも何か気づくものです。5才であっても。

ご主人だって、「ごめんなさい」と言った息子や妻に対して、いい意味での負い目を感じるでしょう。そこから力がわいてくるのだと、わたしは思います。

本当につらいのはご主人です。5才の息子から「お父さん大嫌い」などと否定的な言葉を投げつけられることが、つらくないはずがありません。

夫婦も、父子も、母子も、その一つ一つの関係を、もう一度見直してみる時期なのだと思います。「離婚したほうがいい」という選択をする人も少なくありませんが、ここで踏みとどまるかどうかは、お母さんにかかっているのです。夫にやさしくしてあげること以外に、家族関係をよくする突破口はありません。仕事をし、子育てもし、夫のふがいなさに打ちひしがれることもあるでしょう。でも、ここで踏みとどまって家族を幸福にしたとき、いちばん幸せになれるのはあなたです。

他界した夫の不在をカバーしたい

（3才女の子の母）

娘を妊娠してすぐ、夫が突然他界しました。そのため、娘は父親という存在を知りません。1才ごろから「パパは死んじゃったのよ」と話していたので、娘も「パパがいない」ことは理解しているようですが、街で家族連れを見るたびに、娘の心情を推しはかる日々です。

幼稚園の送迎などがあって、わたしだけでは生活がままならないため、現在はわたしの母が同居する形で3人暮らしをしています。実家をあけることができないため、わたしの父は同居できないのですが、月に1～2回は数日滞在してくれ、娘はおじいちゃんにとてもなついています。

「父親にしかできないことがある」といわれますが、わたしは夫の不在をどのようにカバーしたらいいのでしょうか。どんな役割を果たし、どんなことに気をつけていけばいいのか教えてください。

「父親にしかできないこと」などありません。お子さんを幸福に育てるためにはお母さんが心を癒やし、幸せにならなければ

成長にまず必要なのは母性的な役割です。父性は社会の中で得られます

母子家庭、父子家庭といった「ひとり親家庭」というのは、日本にはたくさんありますね。そういうご家庭のお子さんが健全に育っていないかというと、そんなことはけっしてありません。

わたしは長年「父親」をやってきましたが、「父親にしかできないこと」など一つも思い浮かびませんよ。親としての役割を分担することはありますが、それはあくまで分担にすぎません。子どもが元気で幸せに育つ要件は、お母さんひとりでも、あるいは祖父母や

ご近所の方に協力していただいて、十分に満たすことが可能なのです。

確かに子育てには、「母性的なもの」と「父性的なもの」が存在すると思います。ただそれは、母親だから母性的、父親だから父性的ということではありません。両親のどちらでも、もっと言えば親ではなくても、与えることができるものです。

母性的な役割というのは、親のところに帰ってくればくつろげる、安心できるという、やすらぎのようなものと考えてください。これは「泣いたらおっぱい」「泣いたらおむつ」「泣いたら抱っこ」の繰り返しの中で築かれる、親子の愛着関係です。子どもの成長にはまず母性こそが大事なのです。「自分は親に受容されている」という安心感が育たないと、子どもはなかなか健全に育つことができないものです。母性を発揮するのは女性のほうが得意ではありますが、男性にできないとは思いません。

一方、父性的な役割というのは何かというと、子どもの年齢相応、理解力相応に社会のルールを教えることです。友だちをいじめてはいけない、悪いことをしてはいけない、というように。しかし、父性的なことは社会生活の中でも教わることができます。幼稚園や保育園、小学校は父性的な場ですから、そこで十分に学べるのです。

まず大事なことは、子どもをありのまま承認し受容することです。「お父さんの役割も果たさなくては」と、必要以上に子どもに厳しくなってしまうシングルマザーを何人も知っていますが、そうなってしまうとなかなか子育てはうまくいきません。お父さんがいないだけでなく、お母さんもいなくなってしまうからです。

家族連れを見るのがつらいのは、お母さんのほうですね。楽しい時間を過ごしていますか？

たとえば肩車をするだとか、野球を教えるだとか、そういう具体的な「お父さんとのかかわり」が不足することを悲しむ人もいますが、実際にはお父さんがいてもそういうことを一切してもらったことのない子はたくさんいます。お父さんがいなくても、祖父や親戚、保育園のお友だち家族や、亡くなったご主人のお友だちなど、いろんな方とのかかわりの中で自然に体験できると思います。もちろん、苦痛でなければお母さんがやってあげてもいいのです。

それよりもわたしが心配なのは、お母さんのお気持ちです。妊娠中にご主人を亡くされた衝撃は大きいことと思います。「街で家族連れを見るたびに、娘の心情を推しはかる日々です」と書かれていますが、見るたびにつらくなっているのはこの方なのでしょう。

それでも気持ちを立て直して「しっかりやっていこう」と思えたのであれば、もうそれで十分ですよ。なんのハンディキャップもないと考えてください。おじいちゃん・おばあちゃんの協力があるのは非常に幸運なことです。母性的な役割をしっかり果たして、わが子をありのまま受容していけばいいのです。

そしてもう一つ、職場やそれ以外の場所で、気心の知れた親しい友だちをつくることをおすすめします。安心して声をかけ合え、つきあえるお母さん自身の友だちがいることが大事なのです。ひとり親家庭の場合、親子が2人きりで向き合ってしまうことがありますが、それがいちばん心配です。どうぞ、人間関係をわが子のほかにも外へと広げて、お母さん自身が「楽しいなぁ。幸せだなぁ」と思える時間を増やしていってください。

人は与えられた境遇の中でどのように生きるか、どのように幸せになるかが日々問われているのです。このお母さんの心が一日も早く癒えて、幸せになることを祈っています。お母さんが幸せであることが、お子さんの幸せなのですから。

離婚した夫に会ってみたいと言う息子

（小1男の子の母）

現在44才のシングルマザーです。6年前に元夫と別居を始め、4年前に離婚が成立し、実家に戻って両親と生活しながら息子を育てています。

相談は、息子と元夫のことです。最近、息子が「お父さんってどんな人？」「お父さんに会ってみたいな」という内容を口にするようになりました。

正直なところ、息子を夫に会わせたくありません。元夫には精神的なDVを受け、思い出すのも苦しいのです。それに、もし元夫が息子に会ったら、わたしの悪口をあることないこと吹き込むのは明らかだと思います。

育児書を読むと、「あなたにとってはイヤな存在でも、子どもにとっては血のつながった父親です。あなたの一存で、息子が父親に会えないのは好ましくありません」と書かれていました。元夫がどんな人でもそうなのでしょうか。わたしのとるべき態度を教えてください。

元夫への不信感があるうちは無理をせず「いまは会わせてあげられない」と話しましょう。子どもなりに真剣に聞き、理解します

離婚後の親子のあり方に「こうでなければ」のルールなどありません

両親が離婚した子は、ときに「お父さんに会いたい」と言うことがありますね。不思議なもので、妻にとってみればひどい夫でも、子どもは「やさしいパパだった」「おもちゃを買ってくれた」など、いい記憶だけをもっていることが多いものです。

このお子さんのように、父親の記憶がほとんどなくても、公園などでお父さんと遊んでいる子を見かけて、その子が大きな風船なんかを持っていると、「お父さんがいれば、あんな風船も買ってもらえるんだ！」なんて、うらやましく思うものです。そういう気持ち

は自然なものです。

でも、妻にとっての元夫はそういう存在でないことも多いものです。この方は「息子を夫に会わせたくない」「会わせたら悪口を吹き込むに違いない」と思っています。実際に悪口を言うかはわかりませんが、そのように確信するような別れ方をなさったということだと思います。

わたしは半世紀近く親子の臨床を続けて、離婚を経験された母子にも数多くお会いしました。ふり返って思うのは、離婚後の親子のあり方というのは、まさに十人十色だということです。定期的に面会日を決めて会わせるという方もいれば、お互いの家を自由に行き来させている方もいます。もちろん、夫に会いたくないし、子どもにも会わせたくないという方もいます。一様ではないのです。

おっしゃるように「母親の一存で、子どもを父親に会わせないのはよくない」と考える専門家もいらっしゃるかもしれませんが、わたしはお母さんの気持ちを一番に考えるべきだと思っています。なぜなら、お母さんの気持ちが安定していないと、いい子育てができないからです。まずはお母さんの気持ち、次に子どもの気持ちも大いに考えていただきたい。そのうえで、会わせるか会わせないかはお母さんがお決めになるといいのです。

中高生になっても「会いたい」と言うなら そのときは検討してもいいのでは？

元夫と子どもを2人きりで会わせる場合、「子どものために、いい会い方をしてくれているだろう」という、ある種の信頼のようなものがお母さんになければなりません。この方のように、「元夫はわたしの悪口を言っているに違いない」と思ううちは、それが事実であろうとなかろうと、子どもに会わせてはいけないと思います。

不信感があるのに会わせてしまうと、その間、お母さんは疑心暗鬼になってしまい、帰ってきた子に「お父さんとどんな話をしたの？」と聞くでしょう。子どもは幼いなりに気をつかいますから、ウソは言わないにしても、本当のことも言えなくなります。そしてお母さんの不安定な気持ちを、引き受けざるを得なくなるのです。

離婚の理由を問わず、子どもにとってお父さんはお父さん、お母さんはお母さん。この世にたった一人ずつしかいないのです。その2人が、非常に悪い仲なのだ、憎しみ合っているのだということを、離婚してからもあえて子どもに知らせる必要はありません。

それでも、お子さんが思春期や青年期に入れば、お母さんの気持ちが変わらないとしても、会わせていいと思います。子ども自身が成長し、安定してきますから、父の言うことと母の言うことに矛盾があっても、自分の中で判断できるようになります。具体的には、中学2年生以上ですね。高校生くらいになればずいぶん安定していると思います。

ですから、息子さんには「もう少し大きくなったらね」と言ってあげてください。「なぜいまはダメなの？」と聞かれたら、ある程度は率直に言ったほうがいいと思います。「お父さんとお母さんは、あるときから仲よくできなくなって、いっしょに暮らすのがつらくなってしまったの。お母さんはもうお父さんに会いたくないけれど、あなたがもう少し大きくなって、自分でしっかり考えて判断できるようになったら、お父さんと2人で会えるようにしてあげる。でもそれは、どんなに早くても高校生になってからね」というように。

夫の悪口を言うのではなく、お母さんの気持ちを正直に伝えてください。まだ小1であっても、子どもは背筋を伸ばし、真剣に聞くはずです。お母さんの気持ちは、ちゃんと伝わります。

あとがきにかえて

佐々木正美先生に初めてお会いしたとき、わたしは子育ての荒海の中で方向を見失っている状態でした。船はあまりに小さく、漕《こ》ぎ手（親）は初心者。海図は怪しく、コンパスも読めない。なのに子どもは泣くし、はしゃぐし、ケンカする。必死になればなるほど、もう一人の漕ぎ手（夫）との息も合わなくなる。こんな状態で、無事に陸地にたどり着けるのか……。

当時、子どもは小2（長男）・年長（長女）・2才（次女）。わたしは毎日子どもをどなっていました。長男は落ち着きがなく、忘れ物も多く、なくした消しゴム、壊した傘、失われた靴下は数知れず。末っ子はイヤイヤ期で手がかかり、ほうっておかれる真ん中っ子は感情的になることも多かった。わかってはいるけれど仕事もあるし、とりあえず厳しい声で子どもを黙らせ、いまを乗り切っていくのに精いっぱい。そのくせ夫が子どもに怒りをぶつけると、腹が立ってしょうがない。夫婦の歩調もまったく合いませんでした。

忘れもしません、しかられすぎていた長男が真剣な顔でわたしに聞きました。「お母さん、ぼくにいいところってある?」。それに対し、なんとわたしは答えに詰まったのです。息子の長所がとっさに思いつかなかった。いまでも情けなさにふるえます。

だからこそ、取材で伺った佐々木先生の言葉は衝撃的でした。「子どもの言うことは、何をどれだけ聞いてあげてもいいのです」「できない子にはやってあげればいいのです」「しかればしかるほど、しかられる子になりますよ」「上の子優先で育てましょう」「手のかかる子に十分手をかければ、あるときスッと自立しますよ」。

それまでの自分の「あたりまえ」とは１８０度違うのですが、その口調はとてもあたたかで、ほほえみをたたえ、心底やさしくて、不安だらけの心にしみ込んでいくようでした。その一方で先生はこうも言うのです。「変わるのは大人です」「がまんするのは大人です」「大人なんですから、あたりまえです」と……。

その後も、雑誌連載「子育て相談室」の担当ライターとして、定期的に先生にお会いするようになりました。どの悩みも全部わたしの悩みとシンクロするので、毎回「そうだな、がんばろう」と思う一方で、「そんなの無理だよ」「時間ないよ」「無茶言わないでよ」と半泣きになることもありました。でも不思議なもので、佐々木先生の言葉の影響力は大きく、取材後２～３日くらいは、なんとなく実践できそうな気になるのです。長男のぐちゃぐちゃのランドセルをいっしょに整理したり、泣くと止まらない長女を抱きしめたり、末っ子が靴を履き終えるまで笑顔で待ったり、が数日ならできるのです。どなりそうになった瞬間に「いい子だね」「かわいいね」などと、なんの脈絡もなく口にしたこともありました(口先だけでもいいと、佐々木先生が言っていたから)。

それを繰り返すうちに気がついたのです。わたしが笑顔だと、子どもは本当にいい顔をするのです。「かわいいね」と言うと、たまらなくかわいい顔をするのです。そして、ちょっとだけ行動が早くなったり、言うことを聞いてくれたりするのです。何より、わたし自身が幸せになるのです。自分のことを少しだけ好きになり、明日もお母さんを続けられるぞと、勇気がわいてくるのです。

佐々木先生の言葉は、荒れた海の向こうに光る灯台でした。その明かりはあまりに気高く、あまりに真実で、とてもたどり着けないほど遠くに感じたものです。でもその明かりがあったから、進むべき方角だけはまちがえずに来られたのだと思います。

あれから18年。佐々木先生の言うように、あるとき子どもはスッと自立して、寂しいほどに手がかからなくなりました。ときに船の漕ぎ手をかわってくれ、ときに船の進路を教えてくれ、そして順に船を下りました。苦難の航海は、案外簡単に終わるのです。

大好きな佐々木先生の言葉があります。「人には必ず、いい面と悪い面があります。誰にでも、善の部分と悪の部分があります。その中の、いい面を信じるのです。善の部分を信じるのです。

それが人を信じる、ということです」。
子どものいい面、夫のいい面、そしてわたし自身のいい面。それを信じることができれば、家族はきっといい方向に向かっていくのだと、いまのわたしは確信しています。読者のみなさまの子育てもどうか、そうでありますように。

佐々木先生のご著書にかかわる機会を与えてくださった初代編集者の岩瀬浩子さんをはじめ、近藤祥子さん、町野慶美さん、大隅優子さん、三橋亜矢子さんの歴代編集者のみなさまに感謝申し上げます。そして本書の出版をご快諾くださり、自由にあとがきを書かせてくださった佐々木先生のご家族のみなさまにも心からお礼申し上げます。
最後に、この本を手にとってくださった読者のみなさまにこの言葉を捧げたいと思います。佐々木先生が相談の締めによくつけ加えてくださった、おまじないの言葉です。

「大丈夫ですよ、必ずいい子に育ちます」

元Ｃｏｍｏ編集部子育て班　ライター　神　素子

佐々木正美（ささき・まさみ）
1935年群馬県前橋市に生まれ、幼児期を東京で過ごす。その後、第二次大戦中に滋賀県の農村に疎開し、小学3年生から高校までを過ごすが、高校卒業と同時に単身で上京。信用金庫などで6年間働いたのち、新潟大学医学部医学科に編入学し、66年同校を卒業。その後、東京大学で精神医学を学び、同愛記念病院に勤務。70～71年にブリティッシュ・コロンビア大学に留学、児童精神医学の臨床訓練を受ける。帰国後は、国立秩父学園、東京大学医学部精神科に勤務後、小児療育相談センター（横浜市）、横浜市南部地域療育センターで児童臨床医として地域ケアに力をそそぐ。その間、東京大学医学部精神科講師、東京女子医科大学小児科講師、お茶の水女子大学児童学科講師などを務める。川崎医療福祉大学特任教授（岡山県）、ノースカロライナ大学非常勤教授、横浜市総合リハビリテーションセンター参与などを歴任した。長年にわたり自閉症の人とその家族を支援する療育方法の実践と普及に努めてきた功績で、2001年「糸賀一雄記念賞」、04年「保健文化賞」「朝日社会福祉賞」受賞。著書に『子どもへのまなざし』（福音館書店）など多数。2017年没後も、そのメッセージは多くの親たちを励まし続けている。

本書は雑誌『Como（コモ）』の記事、書籍『花咲く日を楽しみに』
『佐々木正美先生の子育てお悩み相談室』に加筆修正をして、再編集したものです。

装丁、扉レイアウト／今井悦子（MET）
装画、イラスト／大塚いちお
構成・まとめ／神 素子
DTP ／鈴木庸子（主婦の友社）
編集担当／三橋亜矢子（主婦の友社）

この子《こ》はこの子《こ》のままでいいと思《おも》える本《ほん》

令和2年 7月31日　第1刷発行
令和4年 3月31日　第8刷発行

著　者　佐々木正美《ささきまさみ》
発行者　平野健一
発行所　株式会社 主婦の友社
　〒141-0021　東京都品川区上大崎3-1-1目黒セントラルスクエア
　電話 03-5280-7537（編集）　03-5280-7551（販売）
印刷所　大日本印刷株式会社

　ISBN978-4-07-443335-3